DEN ULTIMATE ISLAS KOGEBOG

100 opskrifter fra de indiske, atlantiske og stillehavsøerne

Maria Fransson

Copyright materiale ©2024

Alle rettigheder forbeholdes

Ingen del af denne bog må bruges eller transmitteres i nogen form eller på nogen måde uden korrekt skriftligt samtykke fra udgiveren og copyright-indehaveren, bortset fra korte citater brugt i en anmeldelse. Denne bog bør ikke betragtes som en erstatning for medicinsk, juridisk eller anden professionel rådgivning.

INDHOLDSFORTEGNELSE _

INDHOLDSFORTEGNELSE _ **3**
INTRODUKTION **7**
ATLANTERHAVET **8**

   1. FRISK ATLANTISK LAKS SAUTERET 9
   2. ATLANTERHAVET SKALDYR PAELLA 11
   3. THIEBOUDIENNE/CHEBU JËN 13
   4. KLASSISK NEW YORK MUSLINGESUPPE 16
   5. ATLANTERHAVET COD FISK TACOS 18
   6. STEGTE ØSTERS 20
   7. SHERRY REJER 22
   8. ATLANTERHAVET BLÅ KRABBEKAGER 24
   9. REJETOAST 26
   10. ATLANTISK SVÆRDFISK KEBAB 28
   11. SPINAT OG FETA MORGENMAD INDPAKNING 30
   12. SALAT MED MIDDELHAVSTUN OG HVIDE BØNNER 32
   13. BAGT LAKS 34
   14. ATLANTERHAVET BLÅFISK CEVICHE 36
   15. SAUTER REJER OG SPINAT 38
   16. TRAIL MIX 40
   17. GRILLET ATLANTERHAVSLAKS 42
   18. ATLANTERHAVET MUSLING LINGUINE 44
   19. ATLANTERHAVET LOBSTER RULLE 46

STILLEHAVET **48**

   20. STILLEHAVET AHI POKE SKÅL 49
   21. STILLEHAVET HELLEFLYNDER TACOS 51
   22. STILLEHAVSLAKS TERIYAKI SPYD 53
   23. STILLEHAVET DUNGENESS KRABBESALAT 55
   24. STILLEHAVET PAELLA 57
   25. HVID FISK CEVICHE 59
   26. KRYDRET MARINERET CEVICHE 61
   27. SORT MUSLING CEVICHE 63

28. Trucha a la Plancha/Grillet ørred 65
29. Parihuela/Skaldyr Suppe 67
30. Reje Saftige 70
31. Fiskesaft 73
32. Fisk og skaldyr ris 76
33. Syltet fisk 79
34. Lilla majs budding 82
35. Coca te 84
36. Quinoa budding 86
37. Stegt plantains 88
38. Yuca Fries 90
39. Lima bønner i koriander sovs 92
40. Lammegryde 94
41. Adobo/marineret svinegryde 97
42. Grillet oksehjerte Spyd 99

DET INDISKE OCEAN 101

43. Chevda 102
44. Kenyanske Nyama Choma 105
45. Fiskegryderet 107
46. Ingefær øl 109
47. Masala omelet 111
48. Ch ai køler 113
49. Blomkålsfyldt Paratha 115
50. Spinatfyldt brød 117
51. Velsmagende revnet hvede med cashewnødder 119
52. Chai krydret varm chokolade 122
53. Kikærtemel Crêpes 124
54. Fløde af hvedeCrêpes 126
55. Masala Tofu Scramble 129
56. Søde pandekager 131
57. Chai Mælk Grød 133
58. Krydret komfur popcorn 135
59. Ristede Masala nødder 137
60. Chai-krydrede ristede mandler og cashewnødder 139
61. Bagte grøntsagsfirkanter 141
62. Chai krydrede ristede nødder 143

63. Ristet Aubergine dip 145
64. Krydrede søde kartoffelfrikadeller 148
65. Sharons Veggie Salat Sandwicher 151
66. Sojayoghurt Raita 153
67. Krydret tofu og tomater 155
68. Spidskommen Kartoffel Hash 157
69. Sennepskernekartoffelhash 159
70. Kål med sennepsfrø og kokos 161
71. Stringbønner med kartofler 163
72. Aubergine med kartofler 165
73. Grundlæggende grøntsagskarry 168
74. Masala rosenkål 170
75. Rødbeder med sennepsfrø og kokos 172
76. Revet Masala Squash 174
77. Knitrende Okra 176
78. Krydret grøn suppe 178
79. Kartoffel, Blomkål og Tomat Karry 180
80. Krydret linsesuppe 182
81. Tomatsuppe og spidskommen 184
82. Krydret græskarsuppe 186
83. Krydret tomat Rasam 188
84. Koriander og mynte suppe 190
85. Græskarkarry med krydrede frø 192
86. Tamarind fiskekarry 194
87. Laks i karry med safransmag 196
88. Okra karry 198
89. Vegetabilsk kokos karry 200
90. Kål karry 202
91. Blomkål karry 204
92. Blomkål og kartoffelkarry 206
93. Græskar karry 208
94. Steg grøntsager 210
95. Tomat karry 212
96. Hvid græskar karry 214
97. Blandet grøntsags- og linsekarry 216
98. Ananas-Ingefær Juice 218
99. Passionsfrugtjuice 220

100. Tilapia yngel 222
KONKLUSION **225**

INTRODUKTION

Tag på en kulinarisk rejse på tværs af de store og forskelligartede oceaner med "Den Ultimate Islas Kogebog", en samling, der bringer dig 100 udsøgte opskrifter fra øerne i det indiske, Atlanterhavet og Stillehavet. Denne kogebog er dit pas til det rige gobelin af smag, der definerer de gastronomiske vidundere på øer spredt ud over disse mægtige oceaner. Slut dig til os, når vi fejrer mangfoldigheden, traditionerne og unikke kulinariske oplevelser, der gør øens køkken til en sand skat.

Forestil dig de solbeskinnede strande, de rytmiske lyde fra havets bølger og de pulserende markedspladser fyldt med friske, tropiske ingredienser. " Den Ultimate Islas Kogebog " er ikke kun en samling af opskrifter; det er en udforskning af den særskilte smag, der opstår fra konvergensen af kulturer, landskaber og havenes overflod. Uanset om du drømmer om de krydderifyldte retter fra Det Indiske Ocean, fisk og skaldyr fra Atlanterhavsøerne eller Stillehavsøernes tropiske smag, er disse opskrifter lavet til at transportere dig til hjertet af øens liv.

Fra aromatiske karryretter til grillede skaldyrsfester og fra forfriskende cocktails til dekadente desserter, hver opskrift er en fejring af øernes unikke kulinariske arv. Uanset om du planlægger en tropisk fest, genskaber yndlingsferiemåltider eller blot søger at tilføje et strejf af ø-flair til din daglige menu, er " Den Ultimate Islas Kogebog " din go-to-ressource til at fange essensen af øens liv i din køkken.

Slut dig til os, mens vi dykker ned i havene, udforsker øens livlige kulturer og nyder de ekstraordinære smage, der gør øens køkken til en uforglemmelig oplevelse. Så saml dine eksotiske krydderier, omfavn friskheden af tropiske frugter, og lad os tage på en kulinarisk rejse gennem " Den Ultimate Islas Kogebog ".

ATLANTERHAVET

1.Frisk atlantisk laks sauteret

INGREDIENSER:
- 3 Laksefileter
- 1 spiseskefuld Smør
- ¼ teskefuld salt
- ½ kop Krydret mel
- 1 spiseskefuld Hakket tomat
- 1 spiseskefuld Hakket grønt løg
- 1 spiseskefuld Skiveskåret champignon
- 2 spiseskefulde Hvid madlavningsvin
- ½ Saft af en lille citron
- 2 spiseskefulde Blødt smør

INSTRUKTIONER:
a) Skær laks i tynde skiver. Krydr laksen med salt og drys i mel.
b) Svits hurtigt i smør på hver side og fjern. Tilsæt champignon i skiver, tomat, grønne løg, citronsaft og hvidvin.
c) Reducer varmen i cirka 30 sekunder. Rør smør i og server sovs over laks.

2.Atlanterhavet Skaldyr Paella

INGREDIENSER:
- 1 kop Arborio ris
- 1/2 lb rejer, pillet og udvundet
- 1/2 lb muslinger, renset
- 1/2 lb blæksprutte, renset og skåret i skiver
- 1 løg, i tern
- 2 tomater, hakkede
- 3 fed hvidløg, hakket
- 2 kopper hønsebouillon
- 1 tsk safran tråde
- 1/2 tsk røget paprika
- Salt og peber efter smag

INSTRUKTIONER:
a) Svits løg og hvidløg i en paellapande, indtil de er bløde.
b) Tilsæt tomater, ris, safran og paprika under omrøring i 2 minutter.
c) Hæld kyllingebouillon i og bring det i kog.
d) Anret rejer, muslinger og blæksprutter over risene.
e) Dæk til og kog til risene er møre og fisk og skaldyr er gennemstegte.

3. Thieboudienne/Chebu jën

INGREDIENSER:
- 2 pund Hel fisk (eller fileter, se variationer), renset
- 1/4 kop persille, finthakket
- 2 eller 3 varme chilipeber, finthakket
- 2 eller 3 fed hvidløg, hakket
- Salt og peber, til at krydre
- 1/4 kop jordnødde, rød palme eller vegetabilsk olie
- 2 løg, hakket
- 1/4 kop tomatpure
- 5 kopper fond eller vand
- 3 gulerødder, skåret i tern
- 1/2 hovedkål, skåret i tern
- 1/2 pund græskar eller vintersquash, skrællet og skåret i tern
- 1 Aubergine i tern
- 2 kopper ris
- Salt og peber, til at krydre
- 3 citroner, skåret i tern

INSTRUKTIONER:
a) Skyl fisken inde og ude med koldt vand og dup den tør. Skær tre diagonale skråstreger omkring 1/2 tomme dybt i hver side af fisken. Bland den hakkede persille, chilipeber, hvidløg, salt og peber og fyld blandingen (kaldet roff) ind i skiverne på fisken.
b) Varm olien op i en stor, dyb gryde over medium-høj flamme. Brun fisken på begge sider i den varme olie og tag den ud på en tallerken.
c) Tilsæt de hakkede løg til den varme olie og sauter, indtil de er gennemstegte og lige begyndt at brune, 5 til 7 minutter. Rør tomatpuréen og cirka 1/4 kop vand i, og kog i yderligere 2 til 3 minutter.
d) Rør bouillon eller vand, gulerødder, kål, græskar og aubergine i og lad det simre ved middel varme i 35 til 45 minutter, eller indtil grøntsagerne er gennemstegte og møre. Tilsæt den brunede fisk og lad det simre i yderligere 15 minutter eller deromkring. Fjern fisken og grøntsagerne og ca. 1 kop bouillon på et fad, dæk til og sæt i en varm ovn.
e) Si den resterende bouillon, kassér de faste stoffer. Tilsæt nok vand til bouillonen til at lave 4 kopper og vend tilbage til varmen. Bring bouillonen i kog, rør risene i og smag til med salt og peber. Reducer varmen til middel-lav, læg låg på og lad det simre i 20 minutter, eller indtil risene er gennemstegte og møre.
f) Fordel de kogte ris i et stort serveringsfad, inklusive eventuelle sprøde stykker (xooñen), der klæber til bunden af gryden. Fordel grøntsagerne over midten af risene og top med fisken. Hæld til sidst den reserverede bouillon over det hele. Server med citronbåde. Ceebu jen spises traditionelt med hænderne fra et almindeligt serveringsfad.

4. Klassisk New York Muslingesuppe

INGREDIENSER:
- 2 skiver bacon, hakket
- 1 løg, hakket
- 2 gulerødder i tern
- 2 selleristængler, skåret i tern
- 2 fed hvidløg, hakket
- 1 tsk tørret timian
- 3 kopper kartofler i tern
- 2 dåser (10 oz hver) hakkede muslinger med juice
- 1 dåse (28 oz) knuste tomater
- 2 kopper kylling eller grøntsagsbouillon
- Salt og peber efter smag

INSTRUKTIONER:
a) I en stor gryde koges bacon til det er sprødt. Tilsæt løg, gulerødder, selleri og hvidløg. Kog indtil grøntsagerne er møre.
b) Rør timian, kartofler, musling i

5.Atlanterhavet Cod Fisk Tacos

INGREDIENSER:
- 1 lb atlantiske torskefileter
- 1 kop universalmel
- 1 tsk chilipulver
- 1/2 tsk spidskommen
- 1 kop revet kål
- 1/2 kop hakkede tomater
- 1/4 kop hakket koriander
- Limebåde
- Majs tortillas

INSTRUKTIONER:
a) Bland mel, chilipulver og spidskommen i en skål.
b) Dryp torskefileter i melblandingen, ryst overskydende af.
c) Steg torsken på panden i olie, indtil den er gyldenbrun og gennemstegt.
d) Lun tortillas og saml tacos med torsk, kål, tomater og koriander.
e) Server med limebåde.

6.Stegte østers

INGREDIENSER:
- 1 pint friske østers
- 1 kop mel
- 1/2 tsk salt
- 1/4 tsk sort peber
- 2 æg, pisket
- 1/4 kop mælk
- Olie, til stegning

INSTRUKTIONER:
a) Skyl østersene og dup dem tørre med køkkenrulle.
b) I en skål blandes mel, salt og peber sammen.
c) I en anden skål piskes æg og mælk sammen.
d) Dyp østersene i melblandingen, derefter i æggeblandingen og derefter tilbage i melblandingen.
e) Opvarm olien i en dyb stegepande over medium-høj varme.
f) Steg østersene i den varme olie, til de er gyldenbrune på begge sider.
g) Afdryp på køkkenrulle og server varm.

7.Sherry rejer

INGREDIENSER:
- ½ stang smør
- 5 fed hvidløg, knust
- 1-1½ pund rejer; afskallede og deveirede
- ¼ kop frisk citronsaft
- ¼ tsk peber
- 1 kop koge sherry
- 2 spsk hakket persille
- 2 spsk hakket purløg
- Salt efter smag

INSTRUKTIONER:
a) Smelt smør i en stegepande ved middel varme. Tilsæt hvidløg, rejer, citronsaft og peber.
b) Kog under omrøring, indtil rejerne bliver lyserøde (ca. minutter).
c) Tilsæt kogesherry, persille og purløg. Bring lige i kog.
d) Server straks over kogte ris.
e) Pynt med citron.

8.Atlanterhavet Blå Krabbekager

INGREDIENSER:
- 1 lb atlantisk blå krabbekød
- 1/2 kop brødkrummer
- 1/4 kop mayonnaise
- 1 spsk dijonsennep
- 1 æg, pisket
- 2 spsk hakket persille
- Salt og peber efter smag
- Citronbåde til servering

INSTRUKTIONER:
a) I en skål kombineres krabbekød, brødkrummer, mayonnaise, sennep, æg, persille, salt og peber.
b) Form blandingen til krabbekager.
c) Varm olie op i en gryde og steg krabbekager til de er gyldenbrune på begge sider.
d) Server med citronbåde.

9.Rejetoast

INGREDIENSER:
- 6 engelske muffins, ristet og delt
- 4½ ounce dåse rejer, drænet
- 2½ spsk mayonnaise
- Hvidløgspulver efter smag
- 1 stang margarine
- 1 krukke KRAFT "gammel engelsk" ost

INSTRUKTIONER:
a) Bland over varme og fordel på muffinshalvdele.
b) Steg til de er gyldne og skær i 4.
c) Du kan lave dette på forhånd og fryse ned.

10.Atlantisk sværdfisk kebab

INGREDIENSER:
- 1 lb atlantisk sværdfisk, skåret i stykker
- 1 peberfrugt, skåret i stykker
- 1 rødløg, skåret i stykker
- cherrytomater
- 1/4 kop olivenolie
- 2 spsk citronsaft
- 2 tsk tørret oregano
- Salt og peber efter smag

INSTRUKTIONER:
a) Forvarm grillen til medium-høj varme.
b) Træk sværdfisk, peberfrugt, rødløg og cherrytomater på spyd.
c) I en skål piskes olivenolie, citronsaft, oregano, salt og peber sammen.
d) Grill kebab i 8-10 minutter, vend af og til og drys med olivenolieblandingen.
e) Serveres varm.

11. Spinat og feta morgenmad indpakning

INGREDIENSER:
- 2 store æg
- 1 kop friske spinatblade
- 2 spsk smuldret fetaost
- 1 fuldkornstortilla
- 1 spsk olivenolie
- Salt og peber efter smag

INSTRUKTIONER:
a) Varm olivenolie i en stegepande over medium varme.
b) Tilsæt friske spinatblade og kog indtil de er visne.
c) Pisk æggene i en skål og rør dem i gryden med spinaten.
d) Drys fetaost over æggene og kog til det er let smeltet.
e) Læg æg- og spinatblandingen i en fuldkornstortilla, rul den sammen og server som indpakning.

12.Salat med middelhavstun og hvide bønner

INGREDIENSER:
- 1 dåse (6 ounce) tun i vand, drænet
- 1 dåse (15 ounce) hvide bønner, drænet og skyllet
- ½ kop cherrytomater, halveret
- ¼ kop rødløg, finthakket
- 2 spsk frisk basilikum, hakket
- 2 spsk ekstra jomfru olivenolie
- 1 spsk rødvinseddike
- 1 fed hvidløg, hakket
- Salt og peber efter smag

INSTRUKTIONER:
a) I en skål kombineres den drænede tun, hvide bønner, cherrytomater, rødløg og frisk basilikum.
b) I en lille skål piskes olivenolie, rødvinseddike, hakket hvidløg, salt og peber sammen.
c) Dryp dressingen over salaten og vend den sammen.
d) Server denne middelhavstun- og hvide bønnesalat som en lækker og proteinpakket frokost.

13. Bagt laks

INGREDIENSER:
TIL DEN BAGTE LAKS:
- 2 laksefileter (6 ounce hver)
- 2 fed hvidløg, hakket
- 2 spsk ekstra jomfru olivenolie
- 1 citron, saftet
- 1 tsk tørret oregano
- Salt og peber efter smag

TIL GRÆSK SALAT:
- 1 agurk, i tern
- 1 kop cherrytomater, halveret
- ½ rødløg, finthakket
- ¼ kop Kalamata oliven, udstenede og skåret i skiver
- ¼ kop smuldret fetaost
- 2 spsk ekstra jomfru olivenolie
- 2 spsk rødvinseddike
- 1 tsk tørret oregano
- Salt og peber efter smag

INSTRUKTIONER:
TIL DEN BAGTE LAKS:
a) Forvarm ovnen til 375°F (190°C).
b) I en lille skål piskes hakket hvidløg, ekstra jomfru olivenolie, citronsaft, tørret oregano, salt og peber sammen.
c) Læg laksefileterne på en bageplade beklædt med bagepapir.
d) Pensl laksen med citron- og hvidløgsblandingen.
e) Bages i 15-20 minutter eller indtil lakseflagerne let flager med en gaffel.

TIL GRÆSK SALAT:
f) I en stor salatskål kombineres agurk i tern, cherrytomater, rødløg, Kalamata-oliven og smuldret fetaost.
g) I en lille skål piskes ekstra jomfru olivenolie, rødvinseddike, tørret oregano, salt og peber sammen.
h) Dryp dressingen over salaten og vend den sammen.
i) Server den bagte laks sammen med den græske salat.

14.Atlanterhavet Blåfisk Ceviche

INGREDIENSER:
- 1 lb atlantiske blåfiskfileter, skåret i tern
- 1 kop limesaft
- 1 rødløg, finthakket
- 1 agurk, i tern
- 1 jalapeño, frøet og hakket
- 1/4 kop hakket koriander
- Salt og peber efter smag
- Tortillachips til servering

INSTRUKTIONER:
a) Kombiner blåfisk, limesaft, løg, agurk, jalapeño, koriander, salt og peber i en skål.
b) Stil på køl i mindst 1 time, så fisken kan "koge" i citrussaften.
c) Serveres afkølet med tortillachips.

15. Sauter rejer og spinat

INGREDIENSER:
- 8 ounce store rejer, pillede og deveirede
- 2 spsk ekstra jomfru olivenolie
- 2 fed hvidløg, hakket
- 6 kopper frisk spinat
- ½ kop cherrytomater, halveret
- 1 spsk citronsaft
- ½ tsk tørret oregano
- Salt og peber efter smag
- 1 til 2 zucchini halveret på langs, skåret i ½ måner
- 1 kop kogte kikærter fra dåse kikærter, drænet
- Fetaost crumbles (valgfrit)
- Håndfuld friske basilikumblade, revet

INSTRUKTIONER:
a) I en stor stegepande opvarmes den ekstra jomfruolivenolie over medium-høj varme.
b) Tilsæt det hakkede hvidløg og svits i cirka 30 sekunder, indtil det dufter.
c) Tilsæt squashskiverne og kog i 3-4 minutter, eller indtil de begynder at blive bløde og let brune.
d) Skub zucchinien til siden af gryden og tilsæt rejerne.
e) Steg i 2-3 minutter på hver side, eller indtil de bliver lyserøde og uigennemsigtige.
f) Tilsæt kikærter, cherrytomater og frisk spinat til stegepanden. Sauter indtil spinaten visner og tomaterne er bløde.
g) Dryp med citronsaft og drys med tørret oregano, salt og peber.
h) Rør for at kombinere og kog i yderligere et minut.
i) Drys eventuelt med fetaostcrumbles og revet friske basilikumblade inden servering.

16. Trail Mix

INGREDIENSER:
- 1 kop rå mandler
- 1 kop rå cashewnødder
- 1 kop usaltede pistacienødder
- ½ kop tørrede abrikoser, hakkede
- ½ kop tørrede figner, hakkede
- ¼ kop gyldne rosiner
- ¼ kop soltørrede tomater, hakkede
- 1 spsk olivenolie
- ½ tsk stødt spidskommen
- ½ tsk paprika
- ¼ tsk havsalt
- ¼ tsk sort peber

INSTRUKTIONER:
a) Forvarm din ovn til 325°F (163°C).
b) Kombiner mandler, cashewnødder og pistacienødder i en stor skål.
c) I en lille skål piskes olivenolie, stødt spidskommen, paprika, havsalt og sort peber sammen.
d) Dryp krydderiblandingen over nødderne og vend dem til ensartet pels.
e) Fordel de krydrede nødder på en bageplade i et enkelt lag.
f) Rist nødderne i den forvarmede ovn i 10-15 minutter, eller indtil de er let ristede. Sørg for at røre dem af og til for at sikre en jævn stegning.
g) Når nødderne er ristet, tag dem ud af ovnen og lad dem køle helt af.
h) I en stor røreskål kombineres de ristede nødder med de hakkede tørrede abrikoser, figner, gyldne rosiner og soltørrede tomater.
i) Smid alt sammen for at skabe din middelhavsstiblanding.
j) Opbevar sporblandingen i en lufttæt beholder til snacking på farten.

17.Grillet atlanterhavslaks

INGREDIENSER:
- 4 atlantiske laksefileter
- 2 spsk olivenolie
- 2 fed hvidløg, hakket
- 1 tsk citronskal
- 1 spsk citronsaft
- Salt og peber efter smag

INSTRUKTIONER:
a) Forvarm grillen til medium-høj varme.
b) Bland olivenolie, hakket hvidløg, citronskal, citronsaft, salt og peber i en lille skål.
c) Pensl laksefileterne med blandingen.
d) Grill laksen i 4-5 minutter på hver side, eller indtil den let flager med en gaffel.
e) Server varm til dine yndlings tilbehør.

18.Atlanterhavet Musling Linguine

INGREDIENSER:
- 1 lb linguine pasta
- 2 dusin atlantiske muslinger, skrubbet
- 3 spsk olivenolie
- 4 fed hvidløg, hakket
- 1/2 tsk rød peberflager
- 1/2 kop tør hvidvin
- 1/4 kop hakket frisk persille
- Salt og sort peber efter smag

INSTRUKTIONER:
a) Kog linguine efter anvisning på pakken.
b) Varm olivenolie op i en stor gryde og sauter hvidløg og rød peberflager, indtil dufter.
c) Tilsæt muslinger og hvidvin, læg låg på og kog indtil muslingerne åbner sig.
d) Kom kogt linguine, persille, salt og peber i.
e) Server straks.

19.Atlanterhavet Lobster Rulle

INGREDIENSER:
- 1 lb kogt atlanterhavshummerkød, hakket
- 1/4 kop mayonnaise
- 2 spsk citronsaft
- 2 selleristængler, finthakket
- Salt og peber efter smag
- Smørede og ristede pølseboller med splittop

INSTRUKTIONER:
a) Bland hummerkød, mayonnaise, citronsaft, selleri, salt og peber i en skål.
b) Fyld ristede boller med hummerblandingen.
c) Server med det samme til en klassisk hummerrulleoplevelse.

STILLEHAVET

20.Stillehavet Ahi Poke Skål

INGREDIENSER:
- 1 lb frisk stillehavs-ahi-tun i tern
- 1/4 kop sojasovs
- 1 spsk sesamolie
- 1 spsk riseddike
- 1 tsk revet ingefær
- 2 grønne løg, skåret i tynde skiver
- 1 avocado i tern
- 1 kop sushi ris, kogte
- Sesamfrø til pynt

INSTRUKTIONER:
a) Bland sojasovs, sesamolie, riseddike og revet ingefær i en skål.
b) Vend forsigtigt tun i tern i sovsn.
c) Saml pokeskålen med sushiris, marineret tun, snittede grønne løg, hakket avocado og drys med sesamfrø.
d) Server straks.

21. Stillehavet Helleflynder Tacos

INGREDIENSER:
- 1 lb stillehavshellefiskfileter
- 1/2 kop mel
- 1 tsk chilipulver
- 1/2 tsk spidskommen
- 1 kop revet kål
- 1/2 kop ananas i tern
- 1/4 kop koriander, hakket
- Limebåde
- Majs tortillas

INSTRUKTIONER:
a) Bland mel, chilipulver og spidskommen i en skål.
b) Driv helleflynderfileter i melblandingen, ryst overskydende af.
c) Steg helleflynderen på panden i olie, indtil den er gyldenbrun og gennemstegt.
d) Varm tortillas og saml tacos med kogt helleflynder, strimlet kål, hakket ananas og koriander.
e) Server med limebåde.

22.Stillehavslaks Teriyaki spyd

INGREDIENSER:
- 1 lb stillehavslaksefileter, skåret i tern
- 1/4 kop sojasovs
- 2 spsk mirin
- 1 spsk honning
- 1 tsk revet hvidløg
- 1 tsk revet ingefær
- Træspyd, gennemblødt i vand

INSTRUKTIONER:
a) I en skål piskes sojasovs, mirin, honning, hvidløg og ingefær sammen for at skabe teriyakisovsn.
b) Træk laksetern på spyd.
c) Grill spyd, dryp med teriyakisovs, indtil laksen er gennemstegt.
d) Serveres varm.

23.Stillehavet Dungeness krabbesalat

INGREDIENSER:

- 1 lb kogt Stillehavet Dungeness krabbekød
- 1/2 kop mayonnaise
- 1 spsk dijonsennep
- 1 bladselleri, finthakket
- 1 spsk hakket frisk dild
- Salt og peber efter smag
- Smør salatblade til servering

INSTRUKTIONER:

a) Bland krabbekød, mayonnaise, dijonsennep, selleri, dild, salt og peber i en skål.
b) Hæld krabbesalaten i smørsalatblade.
c) Serveres afkølet.

24. Stillehavet Paella

INGREDIENSER:
- 4 udbenede halvdele af kyllingebryst uden skind
- 1 tsk paprika
- 1 tsk salt
- ¼ tsk sort peber
- ¾ pund mild italiensk pølse
- 16 ounce dåsetomater, drænet og groft hakket (eller 20 soltørrede tomater, pakket i olie, drænet og hakket)
- 2 dåser hønsebouillon
- ½ tsk gurkemeje
- ¼ tsk safran
- 2 kopper ris
- 1 stort løg, skåret i tern
- 2 fed hvidløg, hakket
- 1 pund mellemstore rejer, pillede, deveirede og kogte
- 1 grøn peberfrugt, skåret i strimler
- 10 muslinger, renset og dampet

INSTRUKTIONER:
a) Skær kyllingebrystene i ½-tommers strimler. Bland paprika, salt og sort peber i en lille skål. Tilsæt kyllingen og rør indtil alt krydderi er arbejdet ind i kødet.
b) Skær pølsen i ¼-tommers stykker, og fjern hylsteret.
c) Dup tomaterne helt tørre med køkkenrulle, hvis du bruger soltørrede tomater. Tilsæt nok vand til kyllingebouillonen til at lave 3-¾ kopper. Bring denne blanding i kog i en 12-tommer stegepande.
d) Rør gurkemeje, safran, ris, løg, hvidløg, kylling, pølse og tomater i.
e) Dæk gryden til og lad det simre i 20 minutter.
f) Tag gryden af varmen, og rør de kogte rejer og grøn peber i. Top eventuelt med muslinger.
g) Lad paellaen stå tildækket indtil al væsken er absorberet, cirka 5 minutter.

25. Hvid fisk Ceviche

INGREDIENSER:
- 1 pund friske hvide fiskefileter (såsom skrubber eller snapper), skåret i mundrette stykker
- 1 kop frisk limesaft
- 1 lille rødløg, skåret i tynde skiver
- 1-2 friske rocoto- eller habanero-peberfrugter, frøet og finthakket
- ½ kop hakket frisk koriander
- ¼ kop hakkede friske mynteblade
- 2 fed hvidløg, hakket
- Salt, efter smag
- Friskkværnet sort peber efter smag
- 1 sød kartoffel, kogt og skåret i skiver
- 1 majs aks, kogt og kerner fjernet
- Salatblade, til servering

INSTRUKTIONER:
a) I en ikke-reaktiv skål kombineres fiskestykkerne med limesaften, og sørg for, at fisken er helt dækket.
b) Lad det marinere i køleskabet i cirka 20-30 minutter, indtil fisken bliver uigennemsigtig.
c) Dræn limesaften fra fisken og kassér saften.
d) Kombiner den marinerede fisk i en separat skål med rødløg, rocoto eller habanero peber, koriander, mynte og hvidløg. Vend forsigtigt for at kombinere.
e) Smag til med salt og friskkværnet sort peber efter smag. Juster mængden af rocoto eller habanero peber i henhold til dit ønskede niveau af krydrethed.
f) Lad cevichen marinere i køleskabet i yderligere 10-15 minutter for at lade smagene smelte sammen.
g) Server cevichen afkølet på en bund af salatblade, pyntet med skiver af kogt sød kartoffel og majskerner.

26. Krydret marineret Ceviche

INGREDIENSER:
- 1 pund friske fiskefileter (såsom skrubber, tunge eller snapper), i tynde skiver
- Saft af 3-4 limefrugter
- 2 spsk ají amarillo pasta
- 2 fed hvidløg, hakket
- 1 spsk sojasovs
- 1 spsk olivenolie
- 1 tsk sukker
- Salt, efter smag
- Peber, efter smag
- Frisk koriander, hakket, til pynt
- Rødløg i tynde skiver til pynt
- Rocoto-peber eller rød chilipeber, skåret i tynde skiver, til pynt

INSTRUKTIONER:
a) Læg fiskefileterne i tynde skiver i et lavt fad.
b) I en skål kombineres limesaft, ají amarillo-pasta, hakket hvidløg, sojasovs, olivenolie, sukker, salt og peber. Pisk sammen indtil godt kombineret.
c) Hæld marinaden over fisken, og sørg for, at hver skive er jævnt belagt.
d) Lad fisken marinere i køleskabet i cirka 10-15 minutter. Syren i limesaften vil "koge" fisken lidt.
e) Anret de marinerede fiskeskiver på et serveringsfad.
f) Dryp lidt af marinaden over fisken som dressing.

27. Sort Musling Ceviche

INGREDIENSER:
- 1 pund friske sorte muslinger (conchas negras), renset og slynget
- 1 rødløg, skåret i tynde skiver
- 2-3 rocoto-peber eller andre spicy chilipeber, finthakket
- 1 kop friskpresset limesaft
- ½ kop friskpresset citronsaft
- Salt efter smag
- Friske korianderblade, hakket
- Majskerner (valgfrit)
- Sød kartoffel, kogt og skåret i skiver (valgfrit)
- Salatblade (valgfrit)

INSTRUKTIONER:
a) Skyl de sorte muslinger grundigt under koldt vand for at fjerne sand eller grus. Skyd forsigtigt muslingerne, kassér skallerne og behold kødet. Skær muslingkødet i mundrette stykker.
b) Kombiner de hakkede sorte muslinger, rødløgsskiver og rocoto- eller chilipeber i en ikke-reaktiv skål.
c) Hæld den friskpressede lime og citronsaft over muslingblandingen, og sørg for, at alle ingredienser er dækket af citrussaften. Dette vil hjælpe med at "koge" muslingerne.
d) Smag til med salt efter smag og bland det hele forsigtigt.
e) Dæk skålen med plastfolie og stil den på køl i cirka 30 minutter til 1 time. I løbet af denne tid vil syren fra citrussaften marinere yderligere og "koge" muslingerne.
f) Inden servering smages ceviche til og krydderiet justeres efter behov.
g) Pynt med friskhakkede korianderblade.
h) Valgfrit: Server cevichen med kogte majskerner, skåret søde kartofler og salatblade for ekstra tekstur og tilbehør.
i) Bemærk: Det er vigtigt at bruge friske sorte muslinger af høj kvalitet til denne ceviche. Sørg for, at muslingerne kommer fra pålidelige leverandører af fisk og skaldyr og er ordentligt rengjort før brug.

28.Trucha a la Plancha/Grillet ørred

INGREDIENSER:
- 4 ørredfileter, skin-on
- 2 spiseskefulde vegetabilsk olie
- Saft af 1 citron
- Salt og peber efter smag
- Friske krydderurter (såsom persille eller koriander), hakkede (valgfrit)
- Citronbåde til servering

INSTRUKTIONER:
a) Forvarm en grill eller opvarm en stor stegepande over medium-høj varme.
b) Skyl ørredfileterne under koldt vand og dup dem tørre med køkkenrulle.
c) Pensl begge sider af ørredfileterne med vegetabilsk olie, og sørg for, at de er jævnt belagte.
d) Krydr fileterne med salt, peber og et skvæt citronsaft på begge sider.
e) Læg ørredfileterne med skindsiden nedad på grillen eller stegepanden.
f) Steg i cirka 3-4 minutter på hver side, eller indtil fisken er uigennemsigtig og let flager med en gaffel. Skindet skal være sprødt og gyldenbrunt.
g) Tag ørredfileterne af varmen og kom dem over på et serveringsfad.
h) Drys de friske krydderurter (hvis du bruger dem) over fileterne for ekstra smag og pynt.
i) Server Trucha a la Plancha/Grillet ørred varm, ledsaget af citronbåde til at presse over fisken.
j) Du kan servere den med en side af dampede grøntsager, ris eller salat for at fuldende måltidet.

29.Parihuela/Skaldyr Suppe

INGREDIENSER:
- 1,1 pund blandet fisk og skaldyr (rejer, blæksprutte, muslinger, blæksprutte osv.)
- 1,1 pund hvide fiskefileter (såsom tunge, snapper eller torsk)
- 1 løg, finthakket
- 4 fed hvidløg, hakket
- 2 tomater, pillede og hakkede
- 2 spiseskefulde tomatpure
- 2 spiseskefulde vegetabilsk olie
- 1 spiseskefuld aji amarillo pasta
- 4 kopper fiske- eller skaldyrsbouillon
- 1 kop hvidvin
- 1 kop vand
- 1 tsk stødt spidskommen
- 1 tsk tørret oregano
- ¼ kop hakket koriander
- Salt og peber efter smag

INSTRUKTIONER:
a) Opvarm vegetabilsk olie i en stor gryde eller hollandsk ovn over medium varme.
b) Tilsæt hakket løg og hakket hvidløg i gryden og sauter, indtil de bliver gennemsigtige.
c) Rør de hakkede tomater og tomatpure i.
d) Kog i et par minutter, indtil tomaterne er bløde.
e) Hvis du bruger aji amarillo-pasta, tilsæt den til gryden og bland godt med de øvrige ingredienser.
f) Hæld hvidvinen i og lad det simre et par minutter for at reducere alkoholen.
g) Tilsæt fiske- eller skaldyrsbouillon og vand i gryden. Bring det i kog.
h) Skær fiskefileterne i mundrette stykker og kom dem i gryden.
i) Skru ned for varmen og lad suppen simre i cirka 10 minutter eller indtil fisken er gennemstegt.
j) Tilsæt den blandede fisk og skaldyr (rejer, blæksprutte, muslinger, blæksprutte osv.) i gryden og kog i yderligere 5 minutter, eller indtil fisk og skaldyr er kogt og mørt.
k) Smag Parihuela/Skaldyr Suppen til med stødt spidskommen, tørret oregano, salt og peber. Tilpas krydderierne efter din smag.
l) Drys den hakkede koriander over suppen og rør forsigtigt.
m) Tag gryden af varmen og lad den hvile et par minutter inden servering.
n) Server Parihuela/Skaldyr Suppen varm i suppeskåle, ledsaget af sprødt brød eller kogte ris.

30. Reje Saftige

INGREDIENSER:
- 1 pund rejer, pillet og deveiret
- 1 spsk olivenolie
- 1 løg, finthakket
- 3 fed hvidløg, hakket
- 1 tsk stødt spidskommen
- 1 tsk tørret oregano
- 2 spsk ají amarillo pasta (eller erstat med gul chilipasta)
- 2 dl fiske- eller grøntsagsbouillon
- 1 kop inddampet mælk
- 1 kop frosne majskerner
- 1 kop kartofler i tern
- 1 kop gulerødder i tern
- 1 kop zucchini i tern
- ½ kop ærter
- ½ kop rød peberfrugt i tern
- ½ kop grøn peberfrugt i tern
- ¼ kop hakket frisk koriander
- Salt og peber efter smag
- 2 æg, pisket
- Frisk ost, smuldret, til pynt
- Frisk koriander, hakket, til pynt

INSTRUKTIONER:
a) I en stor gryde varmes olivenolien op over medium varme.
b) Tilsæt det hakkede løg og hakket hvidløg. Sauter indtil løget bliver gennemsigtigt og hvidløget dufter.
c) Tilsæt malet spidskommen, tørret oregano og ají amarillo-pasta til gryden. Rør godt sammen og kog i yderligere et minut for at frigive smagen.
d) Tilsæt fiske- eller grøntsagsbouillon og bring det i kog. Reducer varmen til lav og lad det simre i cirka 10 minutter, så smagen kan smelte sammen.
e) Tilsæt den inddampede mælk, frosne majskerner, kartofler i tern, gulerødder, zucchini, ærter, rød peberfrugt, grøn peberfrugt og hakket koriander til gryden. Rør godt rundt og smag til med salt og peber.
f) Lad blandingen simre i cirka 15 minutter, eller indtil grøntsagerne er møre.
g) Imens sauterer du rejerne i en lille smule olivenolie i en separat gryde, indtil de bliver lyserøde og er gennemstegte. Sæt til side.
h) Når grøntsagerne er møre, hældes de sammenpiskede æg langsomt i gryden under konstant omrøring. Dette vil skabe bånd af kogt æg i hele suppen.
i) Tilsæt de kogte rejer til gryden og rør forsigtigt for at kombinere. Lad suppen simre i yderligere 5 minutter, så smagen smelter sammen.
j) Server Chupe de Camarones/Reje Saftige varm, garneret med smuldret friskost og hakket frisk koriander.

31.Fiskesaft

INGREDIENSER:
- 1 pund hvide fiskefileter (såsom snapper, torsk eller tilapia), skåret i mundrette stykker
- 1 løg, finthakket
- 3 fed hvidløg, hakket
- 2 spiseskefulde vegetabilsk olie
- 2 spiseskefulde ají amarillo-pasta eller erstat med gul peberpuré
- 2 kopper fiske- eller skaldyrsbouillon
- 2 kopper vand
- 2 mellemstore kartofler, skrællet og skåret i tern
- 1 kop frosne majskerner
- 1 kop inddampet mælk
- 1 kop friske eller frosne ærter
- 1 kop revet ost (såsom mozzarella eller cheddar)
- 2 spsk hakket frisk koriander
- Salt og peber efter smag
- Limebåde til servering

INSTRUKTIONER:
a) I en stor gryde opvarmes den vegetabilske olie over medium varme.
b) Tilsæt det hakkede løg og hakket hvidløg, og svits indtil løget bliver gennemsigtigt og hvidløget dufter.
c) Rør ají amarillo-pastaen eller den gule peberfrugtpuré i, og kog i et minut for at inkorporere smagene.
d) Tilsæt fiske- eller skaldyrsbouillon og vand i gryden, og bring blandingen i kog.
e) Tilsæt kartofler i tern til gryden, reducer varmen til middel-lav, og lad det simre i cirka 10 minutter, eller indtil kartoflerne er delvist kogte.
f) Rør fiskefileterne og de frosne majskerner i. Lad det simre i yderligere 5-7 minutter, indtil fisken er gennemstegt og majsene er møre.
g) Hæld den inddampede mælk i og tilsæt ærterne. Rør godt sammen.
h) Krydr Chupe de Pescado/fiskesaften med salt og peber efter smag. Tilpas krydderiet efter behov.
i) Drys den revne ost over toppen af suppen. Dæk gryden til og lad det simre i yderligere 5 minutter, eller indtil osten er smeltet og smagene er godt blandet.
j) Tag gryden af varmen og drys den hakkede koriander over suppen.
k) Servér Chupe de Pescado/Fisk Saftige varm med limebåde på siden til at presse over suppen.
l) Du kan nyde Chupe de Pescado/Fisk Saftige alene eller servere den med sprødt brød eller ris.

32.Fisk og skaldyr ris

INGREDIENSER:
- 2 kopper langkornet hvide ris
- 1 pund blandet fisk og skaldyr (såsom rejer, calamari, muslinger og kammuslinger), renset og renset
- 2 spiseskefulde vegetabilsk olie
- 1 løg, finthakket
- 4 fed hvidløg, hakket
- 1 rød peberfrugt i tern
- 1 kop tomater i tern (friske eller dåse)
- 1 spsk tomatpure
- 1 kop fiske- eller skaldyrsbouillon
- 1 kop hvidvin (valgfrit)
- 1 tsk stødt spidskommen
- 1 tsk paprika
- ½ tsk tørret oregano
- ¼ tsk cayennepeber (valgfrit, til varme)
- ¼ kop hakket frisk koriander
- ¼ kop hakket frisk persille
- Saft af 1 lime
- Salt, efter smag
- Peber, efter smag

INSTRUKTIONER:
a) Skyl risene under koldt vand, indtil vandet er klart.
b) Kog risene efter pakkens anvisning og stil dem til side.
c) I en stor stegepande eller paellapande opvarmes vegetabilsk olie over medium varme.
d) Tilsæt hakket løg, hakket hvidløg og rød peberfrugt i tern.
e) Sauter indtil grøntsagerne er bløde og dufter.
f) Tilsæt de blandede fisk og skaldyr til stegepanden og kog indtil de er delvist kogte, cirka 3-4 minutter.
g) Fjern et par stykker skaldyr og sæt dem til side til pynt senere, hvis det ønskes.
h) Rør de hakkede tomater, tomatpure, fiske- eller skaldyrsbouillon og hvidvin i (hvis du bruger).
i) Bring blandingen til at simre og kog i cirka 5 minutter, så smagen kan smelte sammen.
j) Tilsæt malet spidskommen, paprika, tørret oregano og cayennepeber (hvis du bruger). Rør for at kombinere.
k) Fold de kogte ris i og bland dem forsigtigt med skaldyr og sovs, indtil de er godt blandet.
l) Kog i yderligere 5 minutter for at lade smagene blande sig.
m) Tag gryden af varmen og rør den hakkede koriander, hakket persille og limesaft i.
n) Smag til med salt og peber efter smag.
o) Pynt Arroz con Mariscos/Skaldyr Rice med de reserverede kogte skaldyr og yderligere friske krydderurter, hvis det ønskes.
p) Server Arroz con Mariscos/Skaldyr Rice varm, ledsaget af en side af limebåde og et drys frisk koriander eller persille.

33. Syltet fisk

INGREDIENSER:
- 1 ½ pund hvide fiskefileter (såsom snapper, tilapia eller torsk)
- ½ kop universalmel
- Salt og peber efter smag
- Vegetabilsk olie til stegning
- 1 rødløg, skåret i tynde skiver
- 2 gulerødder, revet i julien
- 1 rød peberfrugt, skåret i tynde skiver
- 4 fed hvidløg, hakket
- 1 kop hvid eddike
- 1 kop vand
- 2 laurbærblade
- 1 tsk tørret oregano
- 1 tsk stødt spidskommen
- ½ tsk paprika
- Salt og peber efter smag
- Frisk koriander eller persille til pynt

INSTRUKTIONER:
a) Krydr fiskefileterne med salt og peber. Dryp dem i mel, ryst eventuelt overskydende af.
b) Varm vegetabilsk olie i en stor stegepande over medium-høj varme. Steg fiskefileterne til de er gyldenbrune på begge sider. Fjern fra panden og sæt til side på en køkkenrulle-beklædt tallerken for at dræne overskydende olie.
c) I den samme stegepande sauterer du det skårne rødløg, juliennede gulerødder, skåret rød peberfrugt og hakket hvidløg, indtil de begynder at blive bløde, cirka 5 minutter.
d) I en separat gryde kombineres hvid eddike, vand, laurbærblade, tørret oregano, stødt spidskommen, paprika, salt og peber. Bring blandingen i kog.
e) Tilsæt de sauterede grøntsager til den kogende eddikeblanding. Skru ned for varmen og lad det simre i cirka 10 minutter, så smagen smelter sammen.
f) Anret de stegte fiskefileter i et lavt fad. Hæld eddike- og grøntsagsblandingen over fiskene, og dæk dem helt. Lad retten køle af til stuetemperatur.
g) Dæk fadet til og stil det på køl i mindst 2 timer eller natten over for at lade fisken absorbere smagen.
h) Server Escabeche de Pescado/syltet fisk afkølet, pyntet med frisk koriander eller persille.
i) Du kan nyde fisken og grøntsagerne med marinaden som tilbehør eller servere den med ris eller brød.

34.Lilla majs budding

INGREDIENSER:
- 2 kopper lilla majsjuice (mazamorra morada koncentrat)
- 1 kop tørrede lilla majskerner
- 1 kanelstang
- 4 nelliker
- 1 kop sukker
- ½ kop kartoffelstivelse
- Ananas bidder og svesker til pynt

INSTRUKTIONER:
a) Kombiner den lilla majssaft, tørrede lilla majskerner, kanelstang og nelliker i en stor gryde. Bring det i kog og lad det simre i cirka 20 minutter.
b) I en separat skål blandes kartoffelstivelsen med lidt vand for at skabe en opslæmning.
c) Tilsæt sukker og kartoffelstivelse i gryden under konstant omrøring. Fortsæt med at koge, indtil blandingen tykner.
d) Fjern fra varmen og lad det køle af.
e) Pynt med ananas bidder og svesker inden servering.

35.Coca te

INGREDIENSER:
- 1-2 coca teposer eller 1-2 teskefulde tørrede kokablade
- 1 kop varmt vand
- Honning eller sukker (valgfrit)

INSTRUKTIONER:
a) Læg koka teposen eller de tørrede kokablade i en kop.
b) Hæld varmt vand over coca-teposen eller -bladene.
c) Lad det trække i 5-10 minutter, eller indtil det når din ønskede styrke.
d) Sød med honning eller sukker, hvis det ønskes.

36.Quinoa budding

INGREDIENSER:
- 1 kop quinoa
- 4 kopper vand
- 4 kopper mælk
- 1 kanelstang
- 1 tsk vaniljeekstrakt
- ½ kop sukker (tilpas efter smag)
- ¼ teskefuld stødt nelliker
- ¼ teskefuld stødt muskatnød
- Rosiner og/eller hakkede nødder til pynt (valgfrit)

INSTRUKTIONER:
a) Skyl quinoaen grundigt under koldt vand for at fjerne enhver bitterhed.
b) Kombiner quinoa og vand i en stor gryde. Bring det i kog over medium-høj varme, reducer derefter varmen til lav og lad det simre i cirka 15 minutter, eller indtil quinoaen er mør. Tøm eventuelt overskydende vand.
c) Kom den kogte quinoa tilbage i gryden og tilsæt mælk, kanelstang, vaniljeekstrakt, sukker, stødt nelliker og stødt muskatnød.
d) Rør blandingen godt og lad den koge let ved middel varme.
e) Kog i cirka 20-25 minutter, under omrøring af og til, indtil blandingen tykner til en budding-lignende konsistens.
f) Tag gryden af varmen og kassér kanelstangen.
g) Lad Mazamorra de Quinua/Quinoa Pudding køle af i et par minutter før servering.
h) Server Mazamorra de Quinua/Quinoa-puddingen varm eller afkølet i skåle eller dessertkopper.
i) Pynt hver portion med rosiner og/eller hakkede nødder, hvis det ønskes.

37.Stegt plantains

INGREDIENSER:

- 2 grønne plantains
- Vegetabilsk olie til stegning
- Salt efter smag

INSTRUKTIONER:

a) Start med at skrælle de grønne plantains. For at gøre dette skal du skære enderne af plantainerne af og lave en langsgående slids langs huden. Fjern skindet ved at trække det væk fra plantainen.
b) Skær plantainerne i tykke skiver, cirka 2,5 cm tykke.
c) Varm vegetabilsk olie i en dyb stegepande eller stegepande over medium varme. Sørg for, at der er nok olie til helt at nedsænke plantainskiverne.
d) Kom forsigtigt plantainskiverne i den varme olie og steg dem i cirka 3-4 minutter på hver side eller indtil de bliver gyldenbrune.
e) Fjern de stegte plantainskiver fra olien og læg dem på en tallerken foret med køkkenrulle for at dræne overskydende olie af.
f) Tag hver stegt plantain skive og flad den med bunden af et glas eller et køkkenredskab, der er specielt designet til fladning.
g) Kom de flade plantainskiver tilbage i den varme olie og steg dem i yderligere 2-3 minutter på hver side, indtil de bliver sprøde og gyldenbrune.
h) Når de er stegt til det ønskede sprøde niveau, skal du fjerne Patacones/Fried Plantains fra olien og placere dem på en tallerken foret med køkkenrulle for at dræne overskydende olie.
i) Drys Patacones/Fried Plantains med salt efter smag, mens de stadig er varme.
j) Server Patacones/Fried Plantains som tilbehør eller som base til toppings eller fyld, såsom guacamole, salsa eller strimlet kød.

38. Yuca Fries

INGREDIENSER:
- 2 pund yuca (cassava), skrællet og skåret i fritter
- Olie til stegning
- Salt efter smag

INSTRUKTIONER:
a) Opvarm olie i en frituregryde eller en stor gryde til 350°F (175°C).
b) Steg yuca-fritterne i omgange, indtil de er gyldne og sprøde, cirka 4-5 minutter.
c) Fjern og afdryp på køkkenrulle.
d) Drys med salt og server varm.

39. Lima bønner i koriander sovs

INGREDIENSER:
- 2 kopper kogte lima bønner (pallares), drænet
- 1 kop friske korianderblade
- 2 fed hvidløg
- ½ kop queso fresco, smuldret
- 2 spiseskefulde vegetabilsk olie
- Salt og peber efter smag

INSTRUKTIONER:
a) Kombiner frisk koriander, hvidløg, queso fresco, vegetabilsk olie, salt og peber i en blender. Blend indtil du har en jævn koriandersovs.
b) Vend de kogte limabønner med koriandersovsn.
c) Server som tilbehør eller let hovedret.

40.Lammegryde

INGREDIENSER:

- 2 pund lammegrydekød, skåret i stykker
- 2 spiseskefulde vegetabilsk olie
- 1 løg, finthakket
- 3 fed hvidløg, hakket
- 2 spsk ají amarillo pasta
- 1 tsk stødt spidskommen
- 1 tsk tørret oregano
- 1 kop mørk øl (såsom stout eller ale)
- 2 kopper oksekød eller grøntsagsbouillon
- 2 kopper hakkede tomater (friske eller dåse)
- ½ kop hakket koriander
- 2 kopper frosne eller friske grønne ærter
- 4 mellemstore kartofler, skrællet og delt i kvarte
- Salt, efter smag
- Peber, efter smag

INSTRUKTIONER:
a) Opvarm vegetabilsk olie i en stor gryde eller hollandsk ovn over medium varme.
b) Tilsæt lammegrydekødet og steg, indtil det er brunet på alle sider. Tag kødet ud af gryden og stil det til side.
c) Tilsæt det hakkede løg og hakket hvidløg i samme gryde. Sauter indtil løget bliver gennemsigtigt.
d) Rør ají amarillo-pastaen, stødt spidskommen og tørret oregano i.
e) Kog i endnu et minut, så smagene smelter sammen.
f) Kom lammegryderet tilbage i gryden og hæld den mørke øl i. Bring blandingen til at simre og kog i et par minutter, så alkoholen kan fordampe.
g) Tilsæt okse- eller grøntsagsbouillon og hakkede tomater i gryden. Bring blandingen i kog, reducer derefter varmen til lav, dæk gryden til og lad det simre i cirka 1 time, eller indtil lammet er mørt.
h) Rør hakket koriander, grønne ærter og kvarte kartofler i. Fortsæt med at simre i yderligere 15-20 minutter, eller indtil kartoflerne er gennemstegte, og smagene er smeltet sammen.
i) Smag til med salt og peber efter smag. Juster krydderier og tykkelse af sovsn efter dine præferencer ved at tilføje mere bouillon, hvis det ønskes.

41.Adobo/marineret svinegryde

INGREDIENSER:
- 2 pund svinekød skulder eller kylling stykker
- 4 fed hvidløg, hakket
- 2 spiseskefulde vegetabilsk olie
- ¼ kop hvid eddike
- 2 spsk sojasovs
- 2 spsk aji panca pasta (peruviansk rød peberpasta)
- 1 tsk stødt spidskommen
- 1 tsk tørret oregano
- ½ tsk malet sort peber
- ½ tsk salt, eller efter smag

INSTRUKTIONER:
a) I en skål kombineres hakket hvidløg, vegetabilsk olie, hvid eddike, sojasovs, aji panca pasta, spidskommen, tørret oregano, sort peber og salt.
b) Bland godt for at danne en marinade.
c) Læg svinekødet eller kyllingestykkerne i et lavt fad eller en Ziploc-pose. Hæld marinaden over kødet, og sørg for, at det er godt dækket.
d) Dæk fadet til eller forsegl posen og stil det på køl i mindst 2 timer, eller gerne natten over, så smagen kan trænge ind i kødet.
e) Forvarm din grill eller ovn til medium-høj varme.
f) Hvis du bruger en grill, skal du fjerne kødet fra marinaden og grille ved medium-høj varme, indtil det er gennemstegt og pænt forkullet på ydersiden.
g) Hvis du bruger en ovn, skal du placere det marinerede kød på en bageplade og stege ved 400°F (200°C) i cirka 25-30 minutter, eller indtil kødet er gennemstegt og brunet.
h) Når det er tilberedt, tages kødet af varmen og lad det hvile et par minutter, før det skæres i skiver eller serveres.

42.Grillet oksehjerte Spyd

INGREDIENSER:
- 1,5 pund oksehjerte eller mørbradbøf, skåret i mundrette stykker
- ¼ kop rødvinseddike
- 3 spiseskefulde vegetabilsk olie
- 2 fed hvidløg, hakket
- 1 spsk stødt spidskommen
- 1 spsk paprika
- 1 tsk tørret oregano
- 1 tsk chilipulver
- Salt, efter smag
- Friskkværnet sort peber efter smag
- Træspyd, udblødt i vand i mindst 30 minutter
- Salsa de Aji (peruviansk chilisovs), til servering

INSTRUKTIONER:
a) I en stor skål kombineres rødvinseddike, vegetabilsk olie, hakket hvidløg, stødt spidskommen, paprika, tørret oregano, chilipulver, salt og sort peber.
b) Bland godt for at skabe marinaden.
c) Tilsæt oksehjertet eller mørbradstykkerne til marinaden og vend rundt for at dække kødet grundigt.
d) Dæk skålen til, og lad den marinere i køleskabet i mindst 2 timer, eller gerne natten over, så smagen kan udvikle sig.
e) Forvarm din grill eller slagtekylling til medium-høj varme.
f) Træk de marinerede oksekødsstykker på de udblødte træspyd, og efterlad et lille mellemrum mellem hvert stykke.
g) Grill eller steg anticuchos i cirka 3-4 minutter på hver side, eller indtil kødet er stegt til det ønskede niveau.
h) Drej spyddene af og til for en jævn tilberedning.
i) Fjern de kogte anticuchos fra grillen eller slagtekyllingen og lad dem hvile et par minutter før servering.

DET INDISKE OCEAN

43. Chevda

INGREDIENSER:
- 2 kopper tynde vermicelli nudler, brækket i små stykker
- 1 kop ristede jordnødder
- 1 kop ristede kikærter (chana dal)
- 1 kop ristede grønne linser (masoor dal)
- 1 kop tørrede karryblade
- 1 tsk gurkemejepulver
- 1 tsk paprika
- 1 tsk stødt spidskommen
- 1 tsk stødt koriander
- Salt efter smag
- Vegetabilsk olie til stegning

INSTRUKTIONER

a) Opvarm vegetabilsk olie i en dyb stegepande eller wok ved middel varme.
b) Bræk vermicelli nudlerne i små stykker og kom dem i den varme olie. Steg nudlerne til de bliver gyldenbrune og sprøde. Fjern dem fra olien og afdryp på køkkenrulle for at fjerne overskydende olie. Sæt til side.
c) I samme pande steges de ristede peanuts, indtil de bliver lidt mørkere i farven og sprøde. Fjern dem fra olien og afdryp på køkkenrulle. Sæt til side.
d) Steg de ristede kikærter (chana dal) og ristede linser (masoor dal) i den varme olie, til de bliver sprøde. Fjern dem fra olien og afdryp på køkkenrulle. Sæt til side.
e) Steg de tørrede karryblade i den varme olie i et par sekunder, til de bliver sprøde. Fjern dem fra olien og afdryp på køkkenrulle. Sæt til side.
f) I en stor skål kombineres de stegte vermicelli nudler, jordnødder, kikærter, linser og karryblade.
g) Bland gurkemejepulver, paprika, stødt spidskommen, malet koriander og salt i en lille skål.
h) Drys krydderiblandingen over snackblandingen i en stor skål. Rør godt rundt for at dække alle ingredienserne jævnt med krydderierne.
i) Lad Chevdaen køle helt af, før den overføres til en lufttæt beholder til opbevaring.

44. Kenyanske Nyama Choma

INGREDIENSER:
- 3 spiseskefulde vegetabilsk olie
- 1 pund fårekød gedekød eller oksekød
- salt
- 1 spsk ingefær og hvidløgspasta
- ¼ citronsaft
- Peber efter smag
- 1 kop vand

INSTRUKTIONER

a) Vask og lad kødet tørre. Kom i en skål og stil til side.
b) Bland ingefær og hvidløgspasta og citronsaft i en separat skål. Hæld derefter blandingen over kødet for at marinere det.
c) Dæk kødet til og lad det marinere helt i 2 timer.
d) Opvarm din grill, så den bliver meget varm.
e) Fordel madolien over kødet og læg det på grillen.
f) Opløs saltet i varmt vand og drys det over kødet under tilberedningen.
g) Trækul skal være lavt for at kødet kan koge langsomt uden at brænde.
h) Vend kødet på alle sider, indtil ydersiden er blød, og indersiden steger godt.
i) Når kødet er helt gennemstegt, tages det af grillen og serveres varmt.

45. Fiskegryderet

INGREDIENSER:
- 1 pund fiskefileter (tilapia, snapper eller enhver fast hvid fisk)
- 2 spiseskefulde vegetabilsk olie
- 1 løg, hakket
- 2 tomater, hakkede
- 2 fed hvidløg, hakket
- 1-tommer stykke ingefær, revet
- 1 tsk gurkemejepulver
- 1 tsk cayennepeber (valgfrit, for krydret)
- 1 kop kokosmælk
- 1 kop fiske- eller grøntsagsbouillon
- Salt efter smag
- Frisk koriander til pynt (valgfrit)
- Kogte ris eller ugali til servering

INSTRUKTIONER

a) I en stor gryde opvarmes den vegetabilske olie over medium varme.
b) Tilsæt de hakkede løg og sauter indtil de er gennemsigtige.
c) Tilsæt hakket hvidløg og revet ingefær. Kog i endnu et minut.
d) Tilsæt de hakkede tomater og kog til de er bløde.
e) Tilsæt gurkemejepulver og cayennepeber (hvis du bruger) til gryden og rør godt.
f) Læg fiskefileterne i gryden og steg et par minutter på hver side, indtil de er let brunede.
g) Hæld kokosmælk og fiske- eller grøntsagsbouillon i.
h) Smag til med salt og rør det hele sammen.
i) Dæk gryden til og lad fiskegryden simre i cirka 10-15 minutter, eller indtil fisken er gennemstegt og smagene er godt blandet.
j) Pynt med frisk koriander, hvis det ønskes.

46.Ingefær øl

INGREDIENSER:
- 1 kop revet frisk ingefær
- 1 kop sukker
- 1 citron, saftet
- 8 kopper vand
- Isterninger

INSTRUKTIONER

a) I en stor gryde bringes 4 kopper vand i kog.
b) Tilsæt revet ingefær til det kogende vand og lad det simre i cirka 10 minutter.
c) Fjern fra varmen og si det ingefær-infunderede vand i en kande.
d) Tilsæt sukker og rør godt, indtil det er opløst.
e) Hæld citronsaft og de resterende 4 kopper koldt vand i.
f) Rør for at kombinere alle ingredienserne.
g) Stil Stoney Tangawizi på køl i et par timer, så smagen kan udvikle sig.
h) Server ingefærøllen over isterninger til en forfriskende og krydret drink.

47. Masala omelet

INGREDIENSER:

- 2-3 æg
- 1/4 kop finthakket løg
- 1/4 kop hakkede tomater
- 1-2 grønne chili, hakket
- 1/4 tsk spidskommen frø
- 1/4 tsk gurkemejepulver
- 1/4 tsk rød chilipulver
- Salt efter smag
- Hakket korianderblade til pynt

INSTRUKTIONER:

a) Pisk æg i en skål og tilsæt hakkede løg, tomater, grønne chilier, spidskommen, gurkemejepulver, rød chilipulver og salt.
b) Bland godt og hæld blandingen i en varm, smurt pande.
c) Kog indtil omeletten er sat, vend og steg den anden side.
d) Pynt med hakkede korianderblade og server varm.

48. Ch ai køler

INGREDIENSER:
- ¾ kop chai, afkølet
- ¾ kop vanilje sojamælk, afkølet
- 2 spsk frossen æblejuice koncentrat, optøet
- ½ banan, skåret i skiver og frosset

INSTRUKTIONER:
a) Kombiner chai, sojamælk, æblejuicekoncentrat og banan i en blender.
b) Blend indtil glat og cremet.
c) Server med det samme.

49.Blomkålsfyldt Paratha

INGREDIENSER:
- 2 kopper (300 g) revet blomkål ¼ hoved)
- 1 tsk groft havsalt
- ½ tsk garam masala
- ½ tsk gurkemejepulver
- 1 batch Basic Roti Dough

INSTRUKTIONER:

a) Bland blomkål, salt, garam masala og gurkemeje i en dyb skål.

b) Når fyldet er færdigt, begynder du at rulle roti-dejen ud. Start med at lave Basic Roti Dough. Træk et stykke af på størrelse med en golfbold (ca. 5 cm i diameter), og rul det mellem begge håndflader for at forme det til en bold. Tryk den mellem begge håndflader for at flade den lidt ud, og rul den ud på en let meldrysset overflade, indtil den er omkring 5 tommer (12,5 cm) i diameter.

c) Læg en klat (en dyngede spiseske) af blomkålsfyldet lige i midten af den udrullede dej. Fold ind på alle sider, så de mødes på midten, og lav i det væsentlige en firkant. Dyp begge sider af firkanten let i tørt mel.

d) Rul det ud på en overflade, der er let støvet med mel, indtil det er tyndt og cirkulært, omkring 10 tommer (25 cm) i diameter. Det er måske ikke helt rundt, og noget af fyldet kan komme lidt igennem, men det er alt i orden.

e) Opvarm en tava eller en kraftig stegepande over medium-høj varme. Når det er varmt, lægges parathasene i gryden og varmes op i 30 sekunder, indtil det er lige så fast nok til at vende det om, men ikke helt hårdt eller tørret ud. Dette trin er afgørende for at lave rigtig lækre Parathas. Det vil se ud som om det lige skal til at koge, men stadig lidt råt. Kog i 30 sekunder på den modsatte side. I mellemtiden olier du let den side, der vender opad, vend den om, olie let på den anden side og steg på begge sider, indtil de bruner lidt. Server straks med smør, sød sojayoghurt eller indisk pickle (achaar).

50. Spinatfyldt brød

INGREDIENSER:

- 3 kopper (603 g) 100 % fuldhvede chapatimel (atta)
- 2 kopper (60 g) frisk spinat, trimmet og finthakket
- 1 kop (237 ml) vand
- 1 tsk groft havsalt

INSTRUKTIONER:

a) I en foodprocessor blendes mel og spinat. Dette bliver en smuldrende blanding.
b) Tilsæt vand og salt. Bearbejd indtil dejen bliver en klistret kugle.
c) Overfør dejen til en dyb skål eller til din let meldrysede bordplade og ælt i et par minutter, indtil den er glat som pizzadej. Hvis dejen er klistret tilsættes lidt mere mel. Hvis det er for tørt, tilsæt lidt mere vand.
d) Træk et stykke af dejen af på størrelse med en golfbold (ca. 5 cm i diameter), og rul den mellem begge håndflader for at forme den til en kugle. Tryk den mellem begge håndflader for at flade den lidt ud, og rul den ud på en let meldrysset overflade, indtil den er omkring 5 tommer (12,5 cm) i diameter.
e) Opvarm en tava eller en kraftig stegepande over medium-høj varme. Når det er varmt, læg Parathaen i gryden og opvarm i 30 sekunder, indtil den er lige så fast nok til at vende den om, men ikke helt hård eller tørret ud.
f) Kog i 30 sekunder på den modsatte side. I mellemtiden olier du let den side, der vender opad, vend den om, olie let på den anden side og steg på begge sider, indtil de bruner lidt.
g) Server straks med smør, sød sojayoghurt eller indisk pickle (achaar).

51.Velsmagende revnet hvede med cashewnødder

INGREDIENSER:
- 1 kop (160 g) revet hvede
- 1 spsk olie
- 1 tsk sorte sennepsfrø
- 4–5 karryblade, groft hakket
- ½ mellemgul eller rødløg, pillet og skåret i tern
- 1 lille gulerod, skrællet og skåret i tern
- ½ kop (145 g) ærter, friske eller frosne
- 1-2 thailandske, serrano- eller cayenne-chiles,
- ¼ kop (35 g) rå cashewnødder, tørristede
- 1 tsk groft havsalt
- 2 kopper (474 ml) kogende vand
- Saft af 1 mellemstor citron

INSTRUKTIONER:
a) I en kraftig sauterpande over medium-høj varme tørsteg den revne hvede i cirka 7 minutter, indtil den er let brunet. Overfør til en tallerken til afkøling.
b) Opvarm olien i en dyb, tung pande over medium-høj varme.
c) Tilsæt sennepsfrøene og kog indtil de syder, cirka 30 sekunder.
d) Tilsæt karryblade, løg, gulerod, ærter og chili. Kog i 2 til 3 minutter, under omrøring lejlighedsvis, indtil løgene begynder at brune lidt.
e) Tilsæt den revne hvede, cashewnødder og salt. Bland godt.
f) Tilsæt det kogende vand til blandingen. Gør dette meget forsigtigt, da det vil sprøjte. Jeg tager låget til den store gryde og holder det foran mig med højre hånd, mens jeg hælder vandet med venstre. Så snart vandet er deri, sætter jeg låget på igen og lader blandingen sætte sig i et minut. Alternativt kan du slukke for varmen midlertidigt, mens du hælder vandet i.
g) Når vandet er i, reducerer du varmen til lav og koger blandingen uden låg, indtil al væsken er absorberet.
h) Tilsæt citronsaften til allersidst i kogetiden. Sæt låget tilbage på gryden, sluk for varmen, og lad blandingen sidde i 15 minutter for bedre at absorbere alle smagene.
i) Server straks med toast spredt med smør, moset banan eller krydret grøn chilipeberchutney.

52.Chai krydret varm chokolade

INGREDIENSER:
- 2 kopper mælk (mejeri eller alternativ mælk)
- 2 spsk kakaopulver
- 2 spsk sukker (tilpas efter smag)
- 1 tsk chai teblade (eller 1 chai tepose)
- ½ tsk stødt kanel
- ¼ tsk stødt kardemomme
- Knip malet ingefær
- Flødeskum og et drys kanel til pynt

INSTRUKTIONER:
a) I en gryde varmes mælken op ved middel varme, indtil den er varm, men ikke kogende.
b) Tilsæt chai-tebladene (eller teposen) til mælken og lad det trække i 5 minutter. Fjern tebladene eller teposen.
c) I en lille skål piskes kakaopulver, sukker, kanel, kardemomme og ingefær sammen.
d) Pisk gradvist kakaoblandingen i den varme mælk, indtil den er godt blandet og glat.
e) Fortsæt med at opvarme den krydrede varme chokolade, rør af og til, indtil den når den ønskede temperatur.
f) Hæld i krus, top med flødeskum, og drys med kanel. Server og nyd!

53. Kikærtemel Crêpes

INGREDIENSER:

- 2 kopper (184 g) gram (kikærter) mel (besan)
- 1½ kopper (356 g) vand
- 1 lille løg, pillet og hakket (ca. ½ kop [75 g])
- 1 stykke ingefærrod, skrællet og revet eller hakket
- 1-3 grønne thai-, serrano- eller cayenne-chiles, hakket
- ¼ kop (7 g) tørrede bukkehornsblade (kasoori methi)
- ½ kop (8 g) frisk koriander, hakket
- 1 tsk groft havsalt
- ½ tsk stødt koriander
- ½ tsk gurkemejepulver
- 1 tsk rød chilepulver eller cayenneolie, til stegning på panden

INSTRUKTIONER:

a) I en dyb skål blandes mel og vand, indtil det er glat. Jeg kan godt lide at starte med et piskeris og så bruge bagsiden af en ske til at nedbryde de små klumper mel, der normalt dannes.

b) Lad blandingen sidde i mindst 20 minutter.

c) Tilsæt de resterende ingredienser, undtagen olien, og bland godt.

d) Varm en bageplade op over medium-høj varme.

e) Tilsæt ½ tsk olie og fordel det ud over ristene med bagsiden af en ske eller et køkkenrulle. Du kan også bruge en madlavningsspray til at dække panden jævnt.

f) Hæld ¼ kop (59 ml) af dejen i midten af gryden med en slev. Med bagsiden af øsen fordeles dejen i en cirkulær bevægelse med uret fra midten mod ydersiden af gryden for at skabe en tynd, rund pandekage på ca. 5 tommer (12,5 cm) i diameter.

g) Kog den til den er let brun på den ene side, cirka 2 minutter, og vend den derefter for at stege på den anden side. Tryk ned med spatelen for at sikre, at midten også er gennemstegt.

h) Kog den resterende dej, tilsæt olie efter behov for at undgå at klæbe.

i) Server med en side af min mynte- eller ferskenchutney.

54.Fløde af hvedeCrêpes

INGREDIENSER:
- 3 kopper (534 g) hvedecreme (sooji)
- 2 kopper (474 ml) usødet almindelig sojayoghurt
- 3 kopper (711 ml) vand
- 1 tsk groft havsalt
- ½ tsk malet sort peber
- ½ tsk rødt chilipulver eller cayennepepper
- ½ gult eller rødløg, pillet og fint skåret
- 1-2 grønne thai-, serrano- eller cayenne-chiles, hakket
- Olie, til stegning på panden, læg til side i en lille skål
- ½ stort løg, pillet og halveret (til tilberedning)

INSTRUKTIONER:

a) I en dyb skål blandes cremen af hvede, yoghurt, vand, salt, sort peber og rødt chilipulver sammen, og sæt det til side i 30 minutter for at gære lidt.
b) Tilsæt hakket løg og chili. Bland forsigtigt.
c) Varm en bageplade op over medium-høj varme. Kom 1 tsk olie i gryden.
d) Når panden er varm, stikkes en gaffel ind i den uskårne, afrundede del af løget. Hold i gaffelhåndtaget og gnid den afskårne halvdel af løget frem og tilbage på tværs af din pande. Kombinationen af varmen, løgsaften og olien hjælper med at forhindre, at din dosa klæber. Opbevar løget med den indsatte gaffel, så du kan bruge det igen mellem doseringerne. Når det er blevet sort fra panden, skæres det bare i tynde skiver af forsiden.
e) Hold en lille skål olie på siden med en ske - du skal bruge den senere.
f) Nu, endelig til madlavningen! Hæld lidt mere end ¼ kop (59 ml) dej i midten af din varme, tilberedte pande. Med bagsiden af din slev laver du langsomt bevægelser med uret fra midten til yderkanten af gryden, indtil dejen bliver tynd og crêpe-agtig. Hvis blandingen straks begynder at boble, skruer du bare lidt ned for varmen.
g) Hæld med en lille ske en tynd stråle olie i en cirkel rundt om dejen.
h) Lad dosaen koge, indtil den er let brunet og trækker sig væk fra gryden. Vend og steg den anden side.

55. Masala Tofu Scramble

INGREDIENSER:
- 14-ounce pakke ekstra fast økologisk tofu
- 1 spsk olie
- 1 tsk spidskommen frø
- ½ lille hvidt eller rødløg, pillet og hakket
- 1 stykke ingefærrod, skrællet og revet
- 1-2 grønne thai-, serrano- eller cayenne-chiles, hakket
- ½ tsk gurkemejepulver
- ½ tsk rødt chilipulver eller cayennepepper
- ½ tsk groft havsalt
- ½ tsk sort salt
- ¼ kop (4 g) frisk koriander, hakket

INSTRUKTIONER:
a) Smuldr tofuen med hænderne og stil den til side.
b) I en tung, flad pande opvarmes olien over medium-høj varme.
c) Tilsæt spidskommen og kog indtil frøene syder, cirka 30 sekunder.
d) Tilsæt løg, ingefærrod, chili og gurkemeje. Kog og brun i 1 til 2 minutter under omrøring for at forhindre at den klæber.
e) Tilsæt tofu og bland godt for at sikre, at hele blandingen bliver gul af gurkemeje.
f) Tilsæt det røde chilipulver, havsalt, sort salt (kala namak) og koriander. Bland godt.
g) Server med toast eller rullet i en varm roti eller paratha indpakning.

56. Søde pandekager

INGREDIENSER:
- 1 kop (201 g) 100 % fuldhvede chapatimel
- ½ kop (100 g) jaggery
- ½ tsk fennikelfrø
- 1 kop (237 ml) vand

INSTRUKTIONER:
a) Bland alle ingredienserne sammen i en dyb skål og lad dejen trække i mindst 15 minutter.
b) Varm en let olieret bageplade eller stegepande op ved middelhøj varme. Hæld eller øs dejen ud på bagepladen, og brug ca. ¼ kop (59 ml) for hver fattige. Tricket er at sprede dejen lidt ud med bagsiden af øsen fra midten i urets retning uden at tynde den for meget ud.
c) Brun på begge sider og server rygende varm.

57. Chai Mælk Grød

INGREDIENSER:
- 180 ml letmælk
- 1 spsk let blødt brun farin
- 4 kardemommebælge, flækket op
- 1 stjerneanis
- ½ tsk malet ingefær
- ½ tsk stødt muskatnød
- ½ tsk stødt kanel
- 1 pose havre

INSTRUKTIONER:

a) Kom mælk, sukker, kardemomme, stjerneanis og ¼ teskefuld ingefær, muskatnød og kanel i en lille gryde og bring det i kog under omrøring af og til, indtil sukkeret er opløst.

b) Si over i en kande, kassér de hele krydderier, vend derefter tilbage til gryden og brug den infunderede mælk til at tilberede havren i henhold til pakkens instruktioner. Hæld i en skål.

c) Bland den resterende ¼ tsk hver ingefær, muskatnød og kanel sammen, indtil den er ensartet kombineret, og brug derefter til at pudre toppen af grøden ved at bruge en mælkskabelon til at skabe et unikt mønster, hvis du vil.

58. Krydret komfur popcorn

INGREDIENSER:
- 1 spsk olie
- ½ kop (100 g) ukogte popcornkerner
- 1 tsk groft havsalt
- 1 tsk garam masala, Chaat Masala eller Sambhar Masala

INSTRUKTIONER:
a) I en dyb, tung pande, opvarm olien over medium-høj varme.
b) Tilsæt popcornkernerne.
c) Dæk gryden til og skru op for varmen til medium-lav.
d) Kog indtil den knaldende lyd aftager, 6 til 8 minutter.
e) Sluk for varmen og lad popcornene sidde med låg på i yderligere 3 minutter.
f) Drys med salt og masala. Server straks.
g) Tag en papad ad gangen med en tang og varm den op over komfuret. Hvis du har et gaskomfur, skal du koge det lige over flammen, og vær omhyggelig med at blæse de stumper ud, der brænder. Vend dem konstant frem og tilbage, indtil alle dele er kogte og sprøde. Hvis du bruger et elektrisk komfur, skal du varme dem på en rist sat over brænderen og vende dem konstant, indtil de er sprøde. Vær forsigtig - de brænder let.
h) Stable papadsene og server straks som snack eller til aftensmaden.

59.Ristede Masala nødder

INGREDIENSER:

- 2 kopper (276 g) rå cashewnødder
- 2 kopper (286 g) rå mandler
- 1 spsk garam masala, Chaat Masala eller Sambhar Masala
- 1 tsk groft havsalt
- 1 spsk olie
- ¼ kop (41 g) gyldne rosiner

INSTRUKTIONER:

a) Indstil en ovnrist i højeste position og forvarm ovnen til 425°F (220°C). Beklæd en bageplade med aluminiumsfolie for nem rengøring.
b) Bland alle ingredienserne undtagen rosinerne i en dyb skål, indtil nødderne er jævnt dækket.
c) Arranger nøddeblandingen i et enkelt lag på den forberedte bageplade.
d) Bages i 10 minutter, mens du blander forsigtigt halvvejs gennem tilberedningstiden for at sikre, at nødderne koger jævnt.
e) Tag gryden ud af ovnen. Tilsæt rosinerne og lad blandingen køle af i mindst 20 minutter. Dette trin er vigtigt. Kogte nødder bliver seje, men de får deres sprødhed tilbage, når de er kølet af. Server med det samme eller opbevar i en lufttæt beholder i op til en måned.

60. Chai-krydrede ristede mandler og cashewnødder

INGREDIENSER:

- 2 kopper (276 g) rå cashewnødder
- 2 kopper (286 g) rå mandler
- 1 spsk Chai Masala
- 1 spiseskefuld jaggery (gur) eller brun farin
- ½ tsk groft havsalt
- 1 spsk olie

INSTRUKTIONER:

a) Indstil en ovnrist i højeste position og forvarm ovnen til 425°F (220°C). Beklæd en bageplade med aluminiumsfolie for nem rengøring.
b) Kombiner alle ingredienserne i en dyb skål og bland godt, indtil nødderne er jævnt belagt.
c) Arranger nøddeblandingen i et enkelt lag på den forberedte bageplade.
d) Bages i 10 minutter, mens du blander halvvejs gennem tilberedningstiden for at sikre, at blandingen koger jævnt.
e) Tag bagepladen ud af ovnen og lad blandingen køle af i cirka 20 minutter. Dette trin er vigtigt. Kogte nødder bliver seje, men de får deres sprødhed tilbage, når de er kølet af.
f) Server med det samme eller opbevar i en lufttæt beholder i op til en måned.

61.Bagte grøntsagsfirkanter

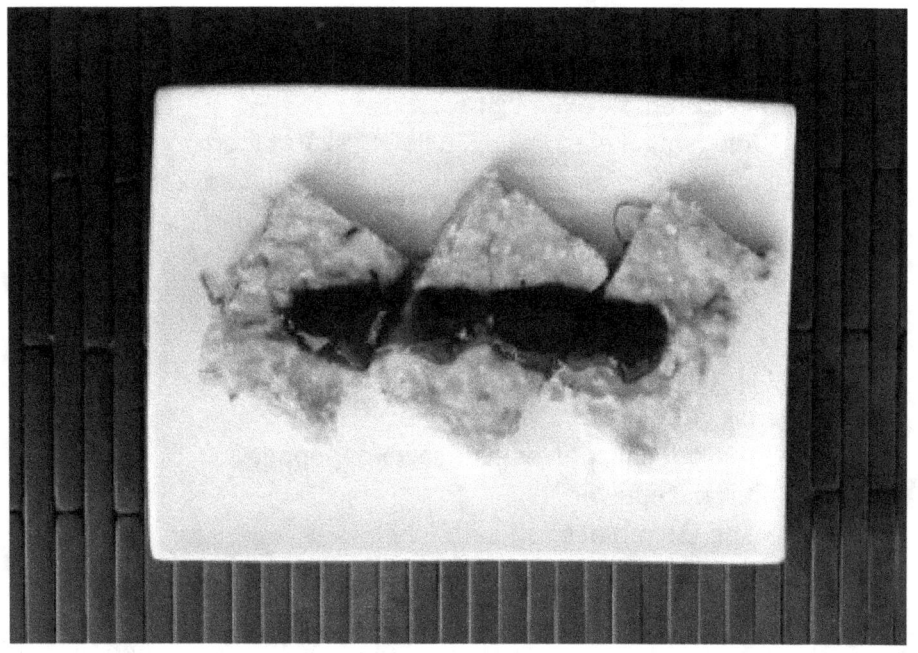

INGREDIENSER:
- 2 kopper (140 g) revet hvidkål (½ lille hoved)
- 1 kop (100 g) revet blomkål (¼ medium hoved)
- 1 kop (124 g) revet zucchini
- ½ kartoffel, skrællet og revet
- ½ mellemgul eller rødløg, pillet og skåret i tern
- 1 stykke ingefærrod, skrællet og revet eller hakket
- 3-4 grønne thai-, serrano- eller cayenne-chiles, hakket
- ¼ kop (4 g) hakket frisk koriander
- 3 kopper (276 g) gram (kikærter) mel (besan)
- ½ 12-ounce pakke silketofu
- 1 spsk groft havsalt
- 1 tsk gurkemejepulver
- 1 tsk rødt chilepulver eller cayennepepper
- ¼ tsk bagepulver
- ¼ kop (59 ml) olie

INSTRUKTIONER:
a) Indstil en ovnrist i midterpositionen og forvarm ovnen til 350°F (180°C). Olie en 10-tommer (25 cm) firkantet bradepande. Brug en større bradepande, hvis du ønsker en tyndere, sprødere pakora.
b) Kombiner kål, blomkål, zucchini, kartoffel, løg, ingefærrod, chili og koriander i en dyb skål.
c) Tilsæt melet og bland langsomt, indtil det er godt blandet. Det hjælper at bruge dine hænder til virkelig at blande alt sammen.
d) Blend tofuen i en foodprocessor, blender eller en kraftigere blender, indtil den er glat.
e) Tilsæt den blandede tofu, salt, gurkemeje, rød chilipulver, bagepulver og olie til grøntsagsblandingen. Blande.
f) Hæld blandingen i den forberedte bradepande.
g) Bages i 45 til 50 minutter, alt efter hvor varm din ovn bliver. Retten er færdig, når en tandstik, der stikkes i midten, kommer ren ud.
h) Afkøl i 10 minutter og skær i firkanter. Server med din yndlingschutney.

62.Chai krydrede ristede nødder

INGREDIENSER:
- 4 kopper usaltede blandede nødder
- ¼ kop ahornsirup
- 3 spiseskefulde smeltet kokosolie
- 2 spsk kokossukker
- 3 teskefulde malet ingefær
- 2 teskefulde stødt kanel
- 2 tsk stødt kardemomme
- 1 tsk stødt allehånde
- 1 tsk ren vaniljepulver
- ½ tsk salt
- ¼ teskefuld sort peber

INSTRUKTIONER:
a) Forvarm din ovn til 325°F (163°C). Beklæd en bageplade med kanter med bagepapir og stil den til side.
b) I en stor røreskål kombineres alle ingredienserne undtagen nødderne. Rør godt rundt for at skabe en smagfuld blanding.
c) Tilsæt de blandede nødder til skålen og vend dem, indtil de er jævnt belagt med den krydrede blanding.
d) Fordel de belagte nødder på den forberedte bageplade i et jævnt lag.
e) Rist nødderne i den forvarmede ovn i cirka 20 minutter. Husk at dreje panden og rør nødderne halvvejs i stegetiden for at sikre en jævn tilberedning.
f) Når de er færdige, skal du tage de ristede nødder ud af ovnen og lade dem køle helt af.
g) Opbevar dine chai-krydrede ristede nødder i en lufttæt beholder ved stuetemperatur for lækker snacking.

63. Ristet aubergine dip

INGREDIENSER:
- 3 mellemstore auberginer med skind (den store, runde, lilla sort)
- 2 spsk olie
- 1 dynge tsk spidskommen frø
- 1 tsk stødt koriander
- 1 tsk gurkemejepulver
- 1 stort gult eller rødløg, pillet og skåret i tern
- 1 (2-tommer [5-cm]) stykke ingefærrod, skrællet og revet eller hakket
- 8 fed hvidløg, pillede og revet eller hakket
- 2 mellemstore tomater, skrællede (hvis muligt) og skåret i tern
- 1-4 grønne thai-, serrano- eller cayenne-chiles, hakket
- 1 tsk rødt chilepulver eller cayennepepper
- 1 spsk groft havsalt

INSTRUKTIONER:

a) Indstil en ovnrist i den næsthøjeste position. Forvarm slagtekyllingen til 500°F (260°C). Beklæd en bageplade med aluminiumsfolie for at undgå rod senere.

b) Prik huller i auberginen med en gaffel (for at frigive damp) og læg dem på bagepladen. Steg i 30 minutter, vend én gang. Huden vil blive forkullet og brændt på nogle områder, når de er færdige. Tag bagepladen ud af ovnen og lad auberginen køle af i mindst 15 minutter. Med en skarp kniv, og skær en flække på langs fra den ene ende af hver aubergine til den anden, og træk den lidt op. Skrab det ristede kød ud indeni, og pas på at undgå dampen og redde så meget saft som muligt. Læg det ristede auberginekød i en skål - du har omkring 4 kopper (948 ml).

c) I en dyb, tung pande, opvarm olien over medium-høj varme.

d) Tilsæt spidskommen og kog indtil det syder, cirka 30 sekunder.

e) Tilsæt koriander og gurkemeje. Bland og kog i 30 sekunder.

f) Tilsæt løg og brun i 2 minutter.

g) Tilsæt ingefærrod og hvidløg og steg i yderligere 2 minutter.

h) Tilsæt tomater og chili. Kog i 3 minutter, indtil blandingen er blød.

i) Tilsæt kødet fra de ristede auberginer og kog i yderligere 5 minutter, bland af og til for at undgå at klæbe.

j) Tilsæt det røde chilipulver og salt. På dette tidspunkt bør du også fjerne og kassere eventuelle herreløse stykker af forkullet auberginehud.

k) Blend denne blanding med en stavblender eller i en separat blender. Overdriv det ikke - der skulle stadig være noget tekstur. Server med ristede naan-skiver, kiks eller tortillachips. Du kan også servere det traditionelt med et indisk måltid af roti, linser og raita.

64.Krydrede søde kartoffelfrikadeller

INGREDIENSER:

- 1 stor sød kartoffel (eller hvid kartoffel), skrællet og skåret i
- ½-tommer (13 mm) terninger (ca. 4 kopper [600 g])
- 3 spiseskefulde (45 ml) olie, delt
- 1 tsk spidskommen frø
- ½ mellemgul eller rødløg, pillet og fint skåret
- 1 (1-tommer [2,5-g]) stykke ingefærrod, skrællet og revet eller hakket
- 1 tsk gurkemejepulver
- 1 tsk stødt koriander
- 1 tsk garam masala
- 1 tsk rødt chilepulver eller cayennepepper
- 1 kop (145 g) ærter, friske eller frosne (optø først)
- 1-2 grønne thai-, serrano- eller cayenne-chiles, hakket
- 1 tsk groft havsalt
- ½ kop (46 g) gram (kikærter) mel (besan)
- 1 spsk citronsaft
- Hakket frisk persille eller koriander, til pynt

INSTRUKTIONER:

a) Damp kartoflen, indtil den er blød, cirka 7 minutter. Lad det køle af. Brug dine hænder eller en kartoffelmoser til forsigtigt at bryde den ned. Du har omkring 3 kopper (630 g) kartoffelmos på dette tidspunkt.
b) Opvarm 2 spsk af olien i en lav pande over medium-høj varme.
c) Tilsæt spidskommen og kog indtil det syder og er let brunet, cirka 30 sekunder.
d) Tilsæt løg, ingefærrod, gurkemeje, koriander, garam masala og rødt chilipulver. Kog indtil de er bløde, yderligere 2 til 3 minutter. Lad blandingen køle af.
e) Når det er afkølet, tilsæt blandingen til kartoflerne, efterfulgt af ærter, grønne chili, salt, grammel og citronsaft.
f) Bland godt med hænderne eller en stor ske.
g) Form blandingen til små bøffer og sæt dem til side på en bakke.
h) I en stor, tung pande, opvarm den resterende 1 spsk olie over medium-høj varme. Kog bøfferne i partier på 2 til 4, afhængigt af størrelsen på panden, i cirka 2 til 3 minutter på hver side, indtil de er brune.
i) Serveres varm, pyntet med hakket frisk persille eller koriander. Denne patty kan spises som en sandwich, på en salatbed eller som en sjov side til din hovedret. Blandingen holder sig i cirka 3 til 4 dage i køleskabet. For at lave den mere traditionelle patty, brug almindelige kartofler i stedet for de søde kartofler.

65. Sharons Veggie Salat Sandwicher

INGREDIENSER:
- 1 stor tomat, skåret i tykke skiver
- 1 stor peberfrugt, skåret i tynde skiver
- 1 stort rødløg, pillet og skåret i tynde skiver
- Saft af 1 citron
- ½ tsk groft havsalt
- ½ tsk sort salt (kala namak)

INSTRUKTIONER:
a) Arranger grøntsagerne på tallerken med tomater først, derefter peberfrugt og løgringe lagt ovenpå.
b) Drys grøntsagerne med citronsaft, havsalt og sort salt.
c) Server straks. At sidde på din forreste græsplæne og lave sandwich er valgfrit.

66. Sojayoghurt Raita

INGREDIENSER:

- 1 kop (237 ml) almindelig, usødet sojayoghurt
- 1 agurk, skrællet, revet og presset for at fjerne overskydende vand
- ½ teskefuld ristet stødt spidskommen
- ½ tsk groft havsalt
- ½ tsk sort salt (kala namak)
- ½ tsk rødt chilipulver
- Saft af ½ citron eller lime

INSTRUKTIONER:

a) I en skål blandes alle ingredienserne sammen. Server straks.

67. Krydret tofu og tomater

INGREDIENSER:

- 2 spsk olie
- 1 dynge spsk spidskommen frø
- 1 tsk gurkemejepulver
- 1 medium rødt eller gult løg, pillet og hakket
- 1 (2-tommer [5-cm]) stykke ingefærrod, skrællet og revet eller hakket
- 6 fed hvidløg, pillede og revet eller hakket
- 2 mellemstore tomater, skrællede (valgfrit) og hakkede (3 kopper [480 g])
- 2-4 grønne thai-, serrano- eller cayenne-chiles, hakket
- 1 spsk tomatpure
- 1 spsk garam masala
- 1 spsk tørrede bukkehornsblade (kasoori methi), let knust i hånden for at frigive deres smag
- 1 kop (237 ml) vand
- 2 tsk groft havsalt
- 1 tsk rødt chilepulver eller cayennepepper
- 2 mellemstore grønne peberfrugter, frøet og skåret i tern (2 kopper)
- 2 (14-ounce [397-g]) pakker ekstra fast økologisk tofu, bagt og i terninger

INSTRUKTIONER:

a) I en stor, tung pande, opvarm olien over medium-høj varme.
b) Tilsæt spidskommen og gurkemeje. Kog indtil frøene syder, cirka 30 sekunder.
c) Tilsæt løg, ingefærrod og hvidløg. Kog i 2 til 3 minutter, indtil let brunet, omrør lejlighedsvis.
d) Tilsæt tomater, chili, tomatpasta, garam masala, bukkehorn, vand, salt og rødt chilipulver. Skru lidt ned for varmen og lad det simre uden låg i 8 minutter.
e) Tilsæt peberfrugterne og kog i yderligere 2 minutter. Tilsæt tofuen og bland forsigtigt. Kog i yderligere 2 minutter, indtil det er gennemvarmet. Server med brune eller hvide basmatiris, roti eller naan.

68.Spidskommen Kartoffel Hash

INGREDIENSER:

- 1 spsk olie
- 1 spsk spidskommen frø
- ½ tsk asafetida (hing)
- ½ tsk gurkemejepulver
- ½ tsk mangopulver (amchur)
- 1 lille gult eller rødløg, pillet og skåret i tern
- 1 stykke ingefærrod, skrællet og revet eller hakket
- 3 store kogte kartofler (enhver slags), skrællet og skåret i tern (4 kopper [600 g])
- 1 tsk groft havsalt
- 1-2 grønne thai-, serrano- eller cayenne-chiles, stilke fjernet, skåret i tynde skiver
- ¼ kop (4 g) hakket frisk koriander, hakket Saft af ½ citron

INSTRUKTIONER:

a) I en dyb, tung pande, opvarm olien over medium-høj varme.
b) Tilsæt spidskommen, asafetida, gurkemeje og mangopulver. Kog indtil frøene syder, cirka 30 sekunder.
c) Tilsæt løg og ingefærrod. Kog i endnu et minut under omrøring for at undgå at klæbe.
d) Tilsæt kartoflerne og salt. Bland godt og kog til kartoflerne er gennemvarme.
e) Top med chili, koriander og citronsaft. Server som en side med roti eller naan eller rullet i en besan poora eller dosa. Dette er fantastisk som fyld til en veggiesandwich eller endda serveret i en salatkop.

69.Sennepskernekartoffelhash

INGREDIENSER:
- 1 spsk split gram (chana dal)
- 1 spsk olie
- 1 tsk gurkemejepulver
- 1 tsk sorte sennepsfrø
- 10 karryblade, hakket groft
- 1 lille gult eller rødløg, pillet og skåret i tern
- 3 store kogte kartofler (enhver slags), skrællet og skåret i tern (4 kopper [600 g])
- 1 tsk groft hvidt salt
- 1-2 grønne thai-, serrano- eller cayenne-chiles, stilke fjernet, skåret i tynde skiver

INSTRUKTIONER:

a) Udblød det delte gram i kogt vand, mens du forbereder de resterende ingredienser.
b) I en dyb, tung pande, opvarm olien over medium-høj varme.
c) Tilsæt gurkemeje, sennep, karryblade og drænet delt gram. Vær forsigtig, frøene har en tendens til at springe, og de udblødte linser kan sprøjte olie, så du skal muligvis have et låg. Kog i 30 sekunder, under omrøring for at undgå at klæbe.
d) Tilsæt løget. Kog indtil let brunet, cirka 2 minutter.
e) Tilsæt kartofler, salt og chili. Kog i yderligere 2 minutter. Server som en side med roti eller naan eller rullet i en besan poora eller dosa. Dette er fantastisk som fyld til en veggiesandwich eller endda serveret i en salatkop.

70.Kål med sennepsfrø og kokos

INGREDIENSER:
- 2 spsk hele, flåede sorte linser (sabut urud dal)
- 2 spsk kokosolie
- ½ tsk asafetida (hing)
- 1 tsk sorte sennepsfrø
- 10–12 karryblade, groft hakket
- 2 spsk usødet strimlet kokosnød
- 1 mellemstor hvidkål, hakket (8 kopper [560 g])
- 1 tsk groft havsalt
- 1-2 thailandske, serrano- eller cayenne-chiles, stilke fjernet, skåret i længderetninger

INSTRUKTIONER:
a) Læg linserne i blød i kogt vand, så de bliver bløde, mens du forbereder de resterende ingredienser.
b) I en dyb, tung pande, opvarm olien over medium-høj varme.
c) Tilsæt asafetida, sennep, drænede linser, karryblade og kokosnød. Opvarm indtil frøene springer, cirka 30 sekunder. Pas på ikke at brænde karryblade eller kokos. Frøene kan springe ud, så hold et låg ved hånden.
d) Tilsæt kål og salt. Kog, under jævnlig omrøring, i 2 minutter, indtil kålen lige visner.
e) Tilsæt chilien. Server straks som en varm salat, kold eller med roti eller naan.

71.Stringbønner med kartofler

INGREDIENSER:

- 1 spsk olie
- 1 tsk spidskommen frø
- ½ tsk gurkemejepulver
- 1 mellemstor rødt eller gult løg, pillet og skåret i tern
- 1 stykke ingefærrod, skrællet og revet eller hakket
- 3 fed hvidløg, pillede og revet eller hakket
- 1 mellemstor kartoffel, skrællet og skåret i tern
- ¼ kop (59 ml) vand
- 4 kopper (680 g) hakkede strengbønner (½ tomme [13 mm] lange)
- 1-2 thai-, serrano- eller cayenne-chiles, hakket
- 1 tsk groft havsalt
- 1 tsk rødt chilepulver eller cayennepepper

INSTRUKTIONER:

a) I en tung, dyb pande opvarmes olien over medium-høj varme.
b) Tilsæt spidskommen og gurkemeje, og kog indtil frøene syder, cirka 30 sekunder.
c) Tilsæt løg, ingefærrod og hvidløg. Kog indtil let brunt, cirka 2 minutter.
d) Tilsæt kartoflen og kog i yderligere 2 minutter under konstant omrøring. Tilsæt vandet for at forhindre fastklæbning.
e) Tilsæt strygebønnerne. Kog i 2 minutter, rør af og til.
f) Tilsæt chili, salt og rødt chilipulver.
g) Reducer varmen til medium-lav og dæk gryden delvist. Kog i 15 minutter, indtil bønner og kartofler er bløde. Sluk for varmen og lad gryden sidde, tildækket, på det samme blus i yderligere 5 til 10 minutter.
h) Server med hvide eller brune basmatiris, roti eller naan.

72.Aubergine med kartofler

INGREDIENSER:
- 2 spsk olie
- ½ tsk asafetida (hing)
- 1 tsk spidskommen frø
- ½ tsk gurkemejepulver
- 1 (2-tommer [5-cm]) stykke ingefærrod, skrællet og skåret i ½-tommer (13 mm) lange tændstikker
- 4 fed hvidløg, pillede og groft hakket
- 1 mellemstor kartoffel, skrællet og hakket groft
- 1 stort løg, pillet og hakket groft
- 1-3 thai-, serrano- eller cayenne-chiles, hakket
- 1 stor tomat, groft hakket
- 4 mellemstore auberginer med skind, groft hakket, træagtige ender medfølger
- 2 tsk groft havsalt
- 1 spsk garam masala
- 1 spsk stødt koriander
- 1 tsk rødt chilepulver eller cayennepepper
- 2 spsk hakket frisk koriander, til pynt

INSTRUKTIONER:
a) I en dyb, tung pande, opvarm olien over medium-høj varme.
b) Tilsæt asafetida, spidskommen og gurkemeje. Kog indtil frøene syder, cirka 30 sekunder.
c) Tilsæt ingefærrod og hvidløg. Kog under konstant omrøring i 1 minut.
d) Tilsæt kartoflen. Kog i 2 minutter.
e) Tilsæt løg og chili og steg i yderligere 2 minutter, indtil de er let brune.
f) Tilsæt tomaten og kog i 2 minutter. På dette tidspunkt har du skabt en base til din ret.
g) Tilsæt auberginen. (Det er vigtigt at beholde de træagtige ender, så du og dine gæster kan tygge det lækre, kødfulde center ud senere.)
h) Tilsæt salt, garam masala, koriander og rødt chilipulver. Kog i 2 minutter.
i) Skru ned for varmen, dæk gryden delvist til, og kog i yderligere 10 minutter.
j) Sluk for varmen, dæk gryden helt, og lad den sidde i 5 minutter, så alle smagene har en chance for virkelig at blande sig. Pynt med koriander og server med roti eller naan.

73. Grundlæggende grøntsagskarry

INGREDIENSER:
- 250 g grøntsager - hakket
- 1 tsk olie
- ½ tsk sennepsfrø
- ½ tsk spidskommen frø
- Knib asafetida
- 4-5 karryblade
- ¼ tsk gurkemeje
- ½ tsk korianderpulver
- Knib chilipulver
- Revet ingefær
- Friske korianderblade
- Sukker / jaggery og salt efter smag
- Frisk eller tørret kokosnød

INSTRUKTIONER:
a) Skær grøntsag i små stykker (1-2 cm) afhængig af grøntsag.
b) Varm olien op og tilsæt derefter sennepsfrøene. Når de popper tilsættes spidskommen, ingefær og de resterende krydderier.
c) Tilsæt grøntsagerne og kog. På dette tidspunkt kan det være en god ide at stege grøntsagerne, indtil de er kogte, eller tilsætte lidt vand, dække gryden og simre.
d) Når grøntsagerne er kogt tilsættes eventuelt sukker, salt, kokos og koriander.

74. Masala rosenkål

INGREDIENSER:
- 1 spsk olie
- 1 tsk spidskommen frø
- 2 kopper (474 ml) Gila Masala
- 1 kop (237 ml) vand
- 4 spiseskefulde (60 ml) cashewcreme
- 4 kopper (352 g) rosenkål, skåret og halveret
- 1-3 thai-, serrano- eller cayenne-chiles, hakket
- 2 tsk groft havsalt
- 1 tsk garam masala
- 1 tsk stødt koriander
- 1 tsk rødt chilepulver eller cayennepepper
- 2 spsk hakket frisk koriander, til pynt

INSTRUKTIONER:
a) I en dyb, tung pande, opvarm olien over medium-høj varme.
b) Tilsæt spidskommen og kog indtil frøene syder, cirka 30 sekunder.
c) Tilsæt den nordindiske tomatsuppefond, vand, cashewcreme, rosenkål, chili, salt, garam masala, koriander og rødt chilipulver.
d) Bring i kog. Reducer varmen og lad det simre uden låg i 10 til 12 minutter, indtil rosenkålen er blød.
e) Pynt med koriander og server over brune eller hvide basmatiris eller med roti eller naan.

75. Rødbeder med sennepsfrø og kokos

INGREDIENSER:
- 1 spsk olie
- 1 tsk sorte sennepsfrø
- 1 mellemgul eller rødløg, pillet og skåret i tern
- 2 tsk stødt spidskommen
- 2 tsk malet koriander
- 1 tsk sydindisk masala
- 1 spsk usødet, strimlet kokosnød
- 5-6 små rødbeder, skrællet og skåret i tern (3 kopper [408 g])
- 1 tsk groft havsalt
- 1½ [356 ml] kopper vand

INSTRUKTIONER:
a) I en tung pande opvarmes olien over medium-høj varme.
b) Tilsæt sennepsfrøene og kog indtil de syder, cirka 30 sekunder.
c) Tilsæt løget og steg det let brunt, cirka 1 minut.
d) Tilsæt spidskommen, koriander, sydindisk masala og kokosnød. Kog i 1 minut.
e) Tilsæt rødbederne og kog i 1 minut.
f) Tilsæt salt og vand. Bring det i kog, reducer varmen, læg låg på og lad det simre i 15 minutter.
g) Sluk for varmen og lad gryden sidde tildækket i 5 minutter, så retten kan absorbere alle smagene. Server over brune eller hvide basmatiris eller med roti eller naan.

76. Revet Masala Squash

INGREDIENSER:

- 2 spsk olie
- 2 tsk spidskommen frø
- 2 tsk malet koriander
- 1 tsk gurkemejepulver
- 1 stor squash eller græskar (enhver form for vinter- eller sommersquash fungerer), skrællet og revet (8 kopper [928 g])
- 1 (2-tommer [5-cm]) stykke ingefærrod, skrællet og skåret i tændstik (⅓ kop [32 g])
- 1 tsk groft havsalt
- 2 spsk vand Saft af 1 citron
- 2 spsk hakket frisk koriander

INSTRUKTIONER:

a) I en dyb, tung pande, opvarm olien over medium-høj varme.
b) Tilsæt spidskommen, koriander og gurkemeje. Kog indtil frøene syder, cirka 30 sekunder.
c) Tilsæt squash, ingefærrod, salt og vand. Kog i 2 minutter og bland godt.
d) Dæk gryden til og reducer varmen til medium lav. Kog i 8 minutter.
e) Tilsæt citronsaft og koriander. Server med roti eller naan, eller gør som jeg, og server på en ristet engelsk muffin toppet med ringe i tynde skiver af gult eller rødløg.

77. Knitrende Okra

INGREDIENSER:
- 2 spsk olie
- 1 tsk spidskommen frø
- 1 tsk gurkemejepulver
- 1 stort gult eller rødløg, pillet og meget groft hakket
- 1 stykke ingefærrod, skrællet og revet eller hakket
- 3 fed hvidløg, pillede og hakkede, hakket eller revet
- 2 pund okra, vasket, tørret, trimmet og skåret
- 1-2 thai-, serrano- eller cayenne-chiles, hakket
- ½ tsk mangopulver
- 1 tsk rødt chilepulver eller cayennepepper
- 1 tsk garam masala
- 2 tsk groft havsalt

INSTRUKTIONER:
a) I en dyb, tung pande, opvarm olien over medium-høj varme. Tilsæt spidskommen og gurkemeje. Kog indtil frøene begynder at syde, cirka 30 sekunder.
b) Tilsæt løg og steg indtil brunet, 2 til 3 minutter. Dette er et nøgletrin for min okra. De store, tykke stykker løg skal brune over det hele og karamellisere lidt. Dette vil være en lækker base til den sidste ret.
c) Tilsæt ingefærrod og hvidløg. Kog i 1 minut, rør af og til.
d) Tilsæt okraen og kog i 2 minutter, lige indtil okraen bliver lysegrøn.
e) Tilsæt chili, mangopulver, rød chilipulver, garam masala og salt. Kog i 2 minutter, rør af og til.
f) Reducer varmen til lav og dæk gryden delvist. Kog i 7 minutter under omrøring af og til.
g) Sluk for varmen og juster låget, så det dækker gryden helt. Lad det sidde i 3 til 5 minutter for at lade alle smagene blive absorberet.
h) Pynt med koriander og server med brune eller hvide basmatiris, roti eller naan.

78. Krydret grøn suppe

INGREDIENSER:

- 2 spsk olie
- 1 tsk spidskommen frø
- 2 kassia blade
- 1 mellemstor gult løg, pillet og hakket groft
- 1 stykke ingefærrod, skrællet og revet eller hakket
- 10 fed hvidløg, pillede og groft hakket
- 1 lille kartoffel, skrællet og hakket groft
- 1-2 grønne thai-, serrano- eller cayenne-chiles, hakket
- 2 kopper (290 g) ærter, friske eller frosne
- 2 kopper (60 g) pakket hakket grønt
- 6 kopper vand
- ½ kop (8 g) hakket frisk koriander
- 2 tsk groft havsalt
- ½ tsk stødt koriander
- ½ teskefuld ristet stødt spidskommen
- Saft af ½ citron
- Croutoner, til pynt

INSTRUKTIONER:

a) I en dyb, tung suppegryde opvarmes olien over medium-høj varme.
b) Tilsæt spidskommen og kassiablade og varm op, indtil frøene syder, cirka 30 sekunder.
c) Tilsæt løg, ingefærrod og hvidløg. Kog i yderligere 2 minutter, bland af og til.
d) Tilsæt kartoflen og kog i yderligere 2 minutter.
e) Tilsæt chili, ærter og grønt. Kog 1 til 2 minutter, indtil det grønne er visnet.
f) Tilsæt vandet. Bring det i kog, skru ned for varmen og lad det simre uden låg i 5 minutter.
g) Tilsæt koriander.
h) Fjern kassiaen eller laurbærbladene og blend med en stavblender.
i) Kom suppen tilbage i gryden. Tilsæt salt, koriander og stødt spidskommen. Sæt suppen i kog. Tilsæt citronsaften.

79.Kartoffel, Blomkål og Tomat Karry

INGREDIENSER:
- 2 mellemstore kartofler, skåret i tern
- 1 1/2 dl blomkål, skåret i buketter
- 3 tomater skåret i store stykker
- 1 tsk olie
- 1 tsk sennepsfrø
- 1 tsk spidskommen frø
- 5-6 karryblade
- Knib gurkemeje – valgfrit
- 1 tsk revet ingefær
- Friske korianderblade
- Frisk eller tørret kokosnød – strimlet

INSTRUKTIONER:
a) Varm olien op og tilsæt derefter sennepsfrøene. Når de springer tilsættes de resterende krydderier og koges i 30 sekunder.
b) Tilsæt blomkål, tomat og kartoffel plus lidt vand, læg låg på og lad det simre under omrøring af og til, indtil det er kogt. Tilsæt kokos, salt og korianderblade.

80. Krydret linsesuppe

INGREDIENSER:
- 1 kop røde linser (masoor dal), vasket og udblødt
- 1 løg, finthakket
- 1 tomat, hakket
- 1 gulerod i tern
- 1 selleri stilk, hakket
- 2 fed hvidløg, hakket
- 1-tommer ingefær, revet
- 1 tsk spidskommen frø
- 1 tsk gurkemejepulver
- 1 tsk korianderpulver
- 1/2 tsk rød chilipulver
- Salt efter smag
- 4 kopper grøntsags- eller hønsebouillon
- Friske korianderblade til pynt

INSTRUKTIONER:
a) Varm olie op i en gryde og tilsæt spidskommen. Når de sprutter, tilsæt hakkede løg, hvidløg og ingefær.
b) Sauter indtil løgene er gennemsigtige, og tilsæt derefter hakkede tomater, gurkemejepulver, korianderpulver og rød chilipulver.
c) Tilsæt udblødte linser, gulerødder i tern, selleri og salt. Bland godt.
d) Hæld bouillon i og bring suppen i kog. Svits indtil linser og grøntsager er møre.
e) Pynt med friske korianderblade inden servering.

81.Tomatsuppe og spidskommen

INGREDIENSER:
- 4 store tomater, hakkede
- 1 løg, hakket
- 2 fed hvidløg, hakket
- 1 tsk spidskommen frø
- 1/2 tsk rød chilipulver
- 1/2 tsk sukker
- Salt efter smag
- 4 kopper grøntsagsbouillon
- Friske korianderblade til pynt

INSTRUKTIONER:
a) Varm olie op i en gryde og tilsæt spidskommen. Når de sprutter, tilsæt hakkede løg og hvidløg.
b) Sauter indtil løgene er gyldenbrune, og tilsæt derefter hakkede tomater, rød chilipulver, sukker og salt.
c) Kog indtil tomaterne er bløde og tykke.
d) Hæld grøntsagsbouillonen i og bring suppen i kog.
e) Pynt med friske korianderblade inden servering.

82.Krydret græskarsuppe

INGREDIENSER:
- 2 kopper græskar, i tern
- 1 løg, hakket
- 2 fed hvidløg, hakket
- 1-tommer ingefær, revet
- 1 tsk spidskommen frø
- 1/2 tsk korianderpulver
- 1/2 tsk kanelpulver
- Knip muskatnød
- Salt og peber efter smag
- 4 kopper grøntsagsbouillon
- 1/2 kop kokosmælk
- Frisk koriander til pynt

INSTRUKTIONER:
a) Varm olie op i en gryde og tilsæt spidskommen. Når de sprutter, tilsæt hakkede løg, hvidløg og ingefær.
b) Sauter indtil løgene er gennemsigtige, og tilsæt derefter græskar i tern, korianderpulver, kanelpulver, muskatnød, salt og peber.
c) Kog i et par minutter, hæld derefter grøntsagsbouillonen i og lad det simre, indtil græskarret er mørt.
d) Blend suppen, til den er jævn, kom den tilbage i gryden, og rør kokosmælk i.
e) Pynt med frisk koriander inden servering.

83.Krydret tomat Rasam

INGREDIENSER:
- 2 store tomater, hakkede
- 1/2 kop tamarindekstrakt
- 1 tsk sennepsfrø
- 1 tsk spidskommen frø
- 1/2 tsk sort peber
- 1/2 tsk gurkemejepulver
- 1/2 tsk rasam pulver
- Knip af asafoetida (hing)
- karry blade
- Korianderblade til pynt
- Salt efter smag

INSTRUKTIONER:
a) Varm olie op i en gryde og tilsæt sennepsfrø. Når de sprutter, tilsæt spidskommen, sort peber og karryblade.
b) Tilsæt hakkede tomater, gurkemejepulver, rasampulver, asafoetida og salt. Kog indtil tomaterne er bløde.
c) Hæld tamarindekstrakt i og bring rasamen i kog. Lad det simre et par minutter.
d) Pynt med korianderblade inden servering.

84.Koriander og mynte suppe

INGREDIENSER:
- 1 kop friske korianderblade
- 1/2 kop friske mynteblade
- 1 løg, hakket
- 2 fed hvidløg, hakket
- 1 tsk spidskommen frø
- 1/2 tsk korianderpulver
- 1/2 tsk sort peber
- 4 kopper grøntsagsbouillon
- Salt efter smag
- Citronbåde til servering

INSTRUKTIONER:
a) Varm olie op i en gryde og tilsæt spidskommen. Når de sprutter, tilsæt hakkede løg og hvidløg.
b) Sauter indtil løgene er gennemsigtige, og tilsæt derefter friske korianderblade, mynteblade, korianderpulver, sort peber og salt.
c) Kog i et par minutter, hæld derefter grøntsagsbouillonen i og lad det simre, indtil krydderurterne er møre.
d) Blend suppen, indtil den er jævn, kom den tilbage i gryden, og juster krydderier, hvis det er nødvendigt.
e) Server med et skvæt citron.

85. Græskarkarry med krydrede frø

INGREDIENSER:

- 3 kopper græskar – skåret i 1-2 cm stykker
- 2 spsk olie
- ½ spiseskefuld sennepsfrø
- ½ spiseskefuld spidskommen frø
- Knib asafetida
- 5-6 karryblade
- ¼ spiseskefuld bukkehornsfrø
- 1/4 spsk fennikelfrø
- 1/2 spsk revet ingefær
- 1 spiseskefuld tamarindpasta
- 2 spiseskefulde – tør, malet kokosnød
- 2 spiseskefulde ristede jordnødder
- Salt og brun farin eller jaggery efter smag
- Friske korianderblade

INSTRUKTIONER:

a) Varm olien op og tilsæt sennepsfrø. Når de popper tilsættes spidskommen, bukkehorn, asafetida, ingefær, karryblade og fennikel. Kog i 30 sekunder.

b) Tilsæt græskar og salt. Tilsæt tamarindpastaen eller vand med frugtkød indeni. Tilsæt jaggery eller brun farin. Tilsæt malet kokos og jordnøddepulver. Kog et par minutter mere. Tilsæt frisk hakket koriander.

86. Tamarind fiskekarry

INGREDIENSER:
- 11/2 pund, hvidfisk, skåret i stykker
- 3/4 tsk og 1/2 tsk gurkemejepulver
- 2 tsk tamarindmasse, gennemblødt i 1/4 kop varmt vand i 10 minutter
- 3 spiseskefulde vegetabilsk olie
- 1/2 tsk sorte sennepsfrø
- 1/4 tsk bukkehornsfrø
- 8 friske karryblade
- stort løg, hakket
- Serrano grønne chili, frøet og hakket
- små tomater, hakkede
- 2 tørrede røde chilier, stødt groft
- 1 tsk korianderfrø, stødt groft
- 1/2 kop usødet tørret kokosnød
- Bordsalt efter smag
- 1 kop vand

INSTRUKTIONER:
a) Læg fisken i en skål. Gnid godt med 3/4 tsk gurkemeje og stil til side i cirka 10 minutter. Skyl og dup tør.
b) Si tamarinden og stil væsken til side. Kassér resten.
c) Opvarm vegetabilsk olie i en stor stegepande. Tilsæt sennepsfrø og bukkehornsfrø. Når de begynder at sprøjte, tilsæt karryblade, løg og grønne chili. Sauter i 7 til 8 minutter, eller indtil løgene er godt brunede.
d) Tilsæt tomaterne og kog i yderligere 8 minutter, eller indtil olien begynder at skille sig fra siderne af blandingen. Tilsæt den resterende 1/2 tsk gurkemeje, de røde chili, korianderfrø, kokos og salt; bland godt, og kog i yderligere 30 sekunder.
e) Tilsæt vandet og den sigtede tamarind; bring i kog. Sænk varmen og tilsæt fisken. Kog ved lav varme i 10 til 15 minutter, eller indtil fisken er helt gennemstegt. Serveres varm.

87. Laks i karry med safransmag

INGREDIENSER:
- 4 spiseskefulde vegetabilsk olie
- 1 stort løg, finthakket
- teske ingefær-hvidløgspasta
- 1/2 tsk rød chilipulver
- 1/4 tsk gurkemejepulver
- teskefulde korianderpulver
- Bordsalt efter smag
- 1-pund laks, udbenet og
- terninger
- 1/2 kop almindelig yoghurt, pisket
- 1 tsk ristet safran

INSTRUKTIONER:
a) Opvarm vegetabilsk olie i en stor nonstick-gryde. Tilsæt løgene og sauter i 3 til 4 minutter, eller indtil de er gennemsigtige. Tilsæt ingefær-hvidløgspastaen og svits i 1 minut.
b) Tilsæt det røde chilipulver, gurkemeje, koriander og salt; bland godt. Tilsæt laksen og sauter i 3 til 4 minutter. Tilsæt yoghurten og sænk varmen. Svits indtil laksen er kogt igennem. Tilsæt safran og bland godt. Kog i 1 minut. Serveres varm.

88.Okra karry

INGREDIENSER:

- 250g okra (ladies finger) – skåret i 1 cm stykker
- 2 spsk revet ingefær
- 1 spsk sennepsfrø
- 1/2 spsk spidskommen frø
- 2 spsk olie
- Salt efter smag
- Knib asafetida
- 2-3 spiseskefulde ristet jordnøddepulver
- Koriander blade

INSTRUKTIONER:

a) Varm olien op og tilsæt sennepsfrø. Når de popper tilsættes spidskommen, asafetida og ingefær. Kog i 30 sekunder.
b) Tilsæt okra og salt og rør, indtil det er kogt. Tilsæt jordnøddepulveret, kog i yderligere 30 sekunder.
c) Server med korianderblade.

89.Vegetabilsk kokos karry

INGREDIENSER:
- 2 mellemstore kartofler, skåret i tern
- 1 1/2 dl blomkål – skåret i buketter
- 3 tomater skåret i store stykker
- 1 spiseskefuld olie
- 1 spsk sennepsfrø
- 1 spiseskefuld spidskommen frø
- 5-6 karryblade
- Knib gurkemeje – valgfrit
- 1 spiseskefuld revet ingefær
- Friske korianderblade
- Salt efter smag
- Frisk eller tørret kokosnød – strimlet

INSTRUKTIONER:
a) Varm olien op og tilsæt derefter sennepsfrøene. Når de springer tilsættes de resterende krydderier og koges i 30 sekunder.
b) Tilsæt blomkål, tomat og kartoffel plus lidt vand, læg låg på og lad det simre under omrøring af og til, indtil det er kogt. Der skal være lidt væske tilbage. Ønsker du en tør karry, så steg i et par minutter, indtil vandet er fordampet.
c) Tilsæt kokos, salt og korianderblade.

90.Kål karry

INGREDIENSER:
- 3 kopper kål - strimlet
- 1 tsk olie
- 1 tsk sennepsfrø
- 1 tsk spidskommen frø
- 4-5 karryblade
- Knib gurkemeje r valgfrit
- 1 tsk revet ingefær
- Friske korianderblade
- Salt efter smag
- Valgfrit – ½ kop grønne ærter

INSTRUKTIONER:
a) Varm olien op og tilsæt derefter sennepsfrøene. Når de springer tilsættes de resterende krydderier og koges i 30 sekunder.
b) Tilsæt kål og andre grøntsager, hvis du bruger det, og rør af og til, indtil det er gennemstegt. Om nødvendigt kan vand tilsættes.
c) Tilsæt salt efter smag og korianderblade.

91. Blomkål karry

INGREDIENSER:
- 3 kopper blomkål – skåret i buketter
- 2 tomater – hakkede
- 1 tsk olie
- 1 tsk sennepsfrø
- 1 tsk spidskommen frø
- Knib gurkemeje
- 1 tsk revet ingefær
- Friske korianderblade
- Salt efter smag
- Frisk eller tørret kokosnød - strimlet

INSTRUKTIONER:
a) Varm olien op og tilsæt derefter sennepsfrøene. Når de springer tilsættes de resterende krydderier og koges i 30 sekunder. Hvis du bruger, tilsæt tomaterne på dette tidspunkt og kog i 5 minutter.
b) Tilsæt blomkål og lidt vand, læg låg på og lad det simre under omrøring af og til, indtil det er gennemkogt. Ønskes en mere tørre karry, så tag i de sidste minutter låget af og steg. Tilsæt kokos i de sidste minutter.

92.Blomkål og kartoffelkarry

INGREDIENSER:
- 2 kopper blomkål – skåret i buketter
- 2 mellemstore kartofler, skåret i tern
- 1 tsk olie
- 1 tsk sennepsfrø
- 1 tsk spidskommen frø
- 5-6 karryblade
- Knib gurkemeje – valgfrit
- 1 tsk revet ingefær
- Friske korianderblade
- Salt efter smag
- Frisk eller tørret kokosnød – strimlet
- Citronsaft - efter smag

INSTRUKTIONER:
a) Varm olien op og tilsæt derefter sennepsfrøene. Når de springer tilsættes de resterende krydderier og koges i 30 sekunder.
b) Tilsæt blomkål og kartoffel plus lidt vand, læg låg på og lad det simre under omrøring af og til, indtil det er næsten kogt.
c) Tag låget af og steg til grøntsagerne er kogte og vandet er fordampet.
d) Tilsæt kokos, salt, korianderblade og citronsaft.

93.Græskar karry

INGREDIENSER:
- 3 kopper græskar – skåret i 1-2 cm stykker
- 2 tsk olie
- ½ tsk sennepsfrø
- ½ tsk spidskommen frø
- Knib asafetida
- 5-6 karryblade
- ¼ tsk bukkehornsfrø
- 1/4 tsk fennikelfrø
- 1/2 tsk revet ingefær
- 1 tsk tamarindpasta
- 2 spiseskefulde – tør, malet kokosnød
- 2 spiseskefulde ristede jordnødder
- Salt og brun farin eller jaggery efter smag
- Friske korianderblade

INSTRUKTIONER:
a) Varm olien op og tilsæt sennepsfrø. Når de popper tilsættes spidskommen, bukkehorn, asafetida, ingefær, karryblade og fennikel. Kog i 30 sekunder.
b) Tilsæt græskar og salt.
c) Tilsæt tamarindpastaen eller vand med frugtkød indeni. Tilsæt jaggery eller brun farin.
d) Tilsæt malet kokos og jordnøddepulver. Kog et par minutter mere.
e) Tilsæt frisk hakket koriander.

94. Steg grøntsager

INGREDIENSER:
- 3 kopper hakkede grøntsager
- 2 tsk revet ingefær
- 1 tsk olie
- ¼ tsk asafetida
- 1 spsk sojasovs
- Friske krydderurter

INSTRUKTIONER:
a) Varm olien op i en pande. Tilsæt asafetida og ingefær. Steg i 30 sekunder.
b) Tilsæt de grøntsager, der skal koge længst, såsom kartoffel og gulerod. Steg i et minut og tilsæt derefter lidt vand, læg låg på og lad det simre, indtil det er halvt kogt.
c) Tilsæt de resterende grøntsager såsom tomat, majs og grøn peber. Tilsæt sojasovs, sukker og salt. Læg låg på og lad det simre, indtil det næsten er kogt.
d) Tag låget af og steg i et par minutter mere.
e) Tilsæt de friske krydderurter og lad et par minutter stå til, at krydderurterne blander sig med grøntsagerne.

95. Tomat karry

INGREDIENSER:
- 250 gram tomater - skåret i 1 tomme stykker
- 1 tsk olie
- ½ tsk sennepsfrø
- ½ tsk spidskommen frø
- 4-5 karryblade
- Knib gurkemeje
- Knib asafetida
- 1 tsk revet ingefær
- 1 kartoffel – kogt og moset – valgfri – til tykning
- 1 til 2 spiseskefulde ristet jordnøddepulver
- 1 spiseskefuld tør kokosnød – valgfri
- Sukker og salt efter smag
- Koriander blade

INSTRUKTIONER:

a) Varm olien op og tilsæt sennepsfrø. Når de popper tilsættes spidskommen, karryblade, gurkemeje, asafetida og ingefær. Kog i 30 sekunder.

b) Tilsæt tomaten og fortsæt med at røre af og til, indtil den er kogt. Vand kan tilsættes for en mere flydende karry.

c) Tilsæt det ristede jordnøddepulver, sukker, salt og kokos, hvis du bruger, plus kartoffelmos. Kog i endnu et minut. Server med friske korianderblade.

96.Hvid græskar karry

INGREDIENSER:
- 250 g ra ms' hvide græskar
- 1 tsk olie
- ½ tsk sennepsfrø
- ½ tsk spidskommen frø
- 4-5 karryblade
- Knib gurkemeje
- Knib asafetida
- 1 tsk revet ingefær
- 1 til 2 spiseskefulde ristet jordnøddepulver
- Brun farin og salt efter smag

INSTRUKTIONER:

a) Varm olien op og tilsæt sennepsfrø. Når de popper tilsættes spidskommen, karryblade, gurkemeje, asafetida og ingefær. Kog i 30 sekunder.

b) Tilsæt det hvide græskar, lidt vand, læg låg på og lad det simre under omrøring af og til, indtil det er kogt.

c) Tilsæt det ristede jordnøddepulver, sukker og salt og kog i endnu et minut.

97. Blandet grøntsags- og linsekarry

INGREDIENSER:
- ¼ kop toor eller mung dal
- ½ kop grøntsager – skåret i skiver
- 1 kop vand
- 2 tsk olie
- ½ tsk spidskommen frø
- ½ tsk revet ingefær
- 5-6 karryblade
- 2 tomater – hakkede
- Citron eller tamarind efter smag
- Jaggery efter smag
- ½ salt eller efter smag
- Sambhar masala
- Koriander blade
- Frisk eller tørret kokosnød

INSTRUKTIONER:
a) Kog grøntsagerne sammen i en trykkoger 15-20 minutter (1 fløjt) eller i en gryde.
b) Varm olie op i en separat gryde og tilsæt spidskommen, ingefær og karryblade. Tilsæt tomater og kog 3-4 minutter.
c) Tilsæt sambhar masala blanding og vegetabilsk dal blanding.
d) Kog sammen i et minut og tilsæt derefter tamarind eller citron, jaggery og salt. Kog i 2-3 minutter mere. Pynt med kokos og koriander

98.Ananas-Ingefær Juice

INGREDIENSER:
- 2 kopper ananas bidder
- 1-tommer stykke lokal ingefær, revet
- 1 kop vand
- Saft af 1 lime
- Honning eller sødemiddel efter smag
- Isterninger

INSTRUKTIONER
a) I en blender kombineres ananasstykker, revet ingefær, vand, limesaft og honning.
b) Blend indtil glat og godt kombineret.
c) Smag til og juster sødme og syrlighed efter ønske.
d) Fyld glas med isterninger og hæld ananas-ingefærsaften over isen.
e) Rør forsigtigt og lad det køle af i et par minutter.
f) Server ananas-ingefærsaften kold til en forfriskende og syrlig drink.

99. Passionsfrugtjuice

INGREDIENSER:
- 8-10 modne passionsfrugter
- 4 kopper vand
- Sukker eller honning efter smag
- Isterninger

INSTRUKTIONER
a) Skær passionsfrugterne i halve og skrab frugtkødet ud i en blender.
b) Tilsæt vand til blenderen.
c) Blend ved høj hastighed i et par sekunder, indtil frugtkødet og vandet er godt blandet.
d) Si saften i en kande for at fjerne frøene.
e) Tilsæt sukker eller honning efter smag og rør godt, indtil det er opløst.
f) Fyld glas med isterninger og hæld passionsfrugtsaften over isen.
g) Rør forsigtigt og lad det køle af i et par minutter.
h) Server passionsfrugtsaften kold og nyd dens tropiske og syrlige smag.

100.Tilapia yngel

INGREDIENSER:
- 2 mellemstore tilapia fisk, renset og skælvet
- 1 tsk gurkemejepulver
- 1 tsk paprika
- 1 tsk stødt spidskommen
- 1 tsk stødt koriander
- 1 tsk hvidløgspulver
- 1 tsk ingefærpulver
- 1 tsk salt, eller efter smag
- Vegetabilsk olie til stegning
- Citronbåde til servering
- Friske korianderblade til pynt (valgfrit)

INSTRUKTIONER

a) Skyl tilapiafiskene under koldt vand og dup dem tørre med køkkenrulle.

b) Bland gurkemejepulver, paprika, stødt spidskommen, malet koriander, hvidløgspulver, ingefærpulver og salt i en lille skål for at lave en krydderiblanding.

c) Gnid krydderiblandingen over hele tilapia-fisken, og sørg for, at den dækker begge sider og kommer ind i udskæringerne på fisken for bedre smagsindtrængning. Lad fisken marinere i cirka 15-30 minutter, så smagen kan trække.

d) Varm vegetabilsk olie i en stor stegepande eller stegepande over medium-høj varme.

e) Når olien er varm, læg forsigtigt den marinerede tilapiafisk i gryden, en ad gangen. Vær forsigtig med at undgå at overfylde gryden.

f) Steg fisken i cirka 4-5 minutter på hver side eller til de bliver gyldenbrune og gennemstegte. Tilberedningstiden kan variere afhængigt af fiskens størrelse og tykkelse.

g) Når fisken er kogt, fjernes den fra gryden og dryppes af på en tallerken foret med køkkenrulle for at fjerne overskydende olie.

h) Gentag processen med eventuelle resterende fisk, tilsæt mere olie til panden, hvis det er nødvendigt.

i) Pres lidt frisk citronsaft over fisken, inden den serveres, for at få den mere syrlig. Pynt med friske korianderblade, hvis det ønskes.

KONKLUSION

Mens vi afslutter vores smagfulde rejse gennem " Den Ultimate Islas Kogebog ", håber vi, at du har oplevet magien og mangfoldigheden af ø-køkkenet i dit eget køkken. Hver opskrift på disse sider er en hyldest til det rige gobelin af smag, der definerer øerne i Det Indiske, Atlanterhavet og Stillehavet – en fejring af de unikke kulinariske traditioner, levende ingredienser og havets overflod.

Uanset om du har nydt varmen fra en kokosnød-infunderet karry, forkælet dig med friskheden fra grillet fisk og skaldyr eller nydt sødmen af en tropisk frugtdessert, stoler vi på, at disse 100 opskrifter har transporteret dig til hjertet af øens liv. Ud over ingredienserne og teknikkerne, må ånden af ø-liv blive hængende i dit køkken og inspirere dig til at tilføre dine måltider smagen, traditionerne og den glædelige ånd, der definerer denne kulinariske oplevelse.

Mens du fortsætter med at udforske den mangfoldige verden af ø-køkken, må " Den Ultimate Islas Kogebog " være din følgesvend, guide dig gennem øerne i Det Indiske, Atlanterhavet og Stillehavet og tilbyde en smag af de kulinariske skatte, hver region har at byde på. Her er til at nyde de livlige og unikke smagsoplevelser af ø-liv - bon appetit!

www.ingramcontent.com/pod-product-compliance
Lightning Source LLC
Chambersburg PA
CBHW070357120526
44590CB00014B/1162